Richard Kerler

Die Yuppies

DIE YUPPIES

Richard Kerler

young urban Professionals

Die neue Generation der Erfolgreichen

Wirtschaftsverlag Langen-Müller/Herbig

Schutzumschlag: Christel Aumann, München
Dokumentation: Christine Kerler, Miriam Kerler
Satz: Fotosatz Völkl, Germering
Druck: Jos. C. Huber KG, Dießen
Binden: Thomas Buchbinderei, Augsburg
Printed in Germany
ISBN 3-7844-7219-2

INHALT

ZU DIESEM BUCH

Er wurde in Amerika entdeckt und findet sich jetzt auch bei uns. Seine Verbreitung ist gesichert, denn er fühlt sich als seines eigenen Glückes Schmied. Er gilt als neuer Typ, der von der Industrie als Konsument verhätschelt wird, zeitgeistige Strömungen feinfühlig aufnimmt und mit neuen Impulsen, neuen Werten, neuen Trends und einem neuen Image anreichert. Eltern vertrauen ihm gerne ihre Tochter an und sehen ihre Söhne positiv motiviert, wenn sie sich mit der weiblichen Spezies dieses Typs liieren.

Die Rede ist vom Yuppie, vom Young Urban Professional, der vornehmlich in Großstädten und Ballungsgebieten lebt, einen Beruf mit Leidenschaft ausübt, voll auf die Karten Karriere und Erfolg setzt und als Symbolfigur zentraler Wünsche gilt, an denen sich die Trendlemminge scharenweise orientieren. Diese neue Kaste von jungen Aufsteigern wird wahrscheinlich später einmal unsere wirtschaftliche Zukunft sichern, unsere Bastion im internationalen Welthandel, aber auch unsere Rentenzahlungen garantieren.

Aufgewachsen sind die Yuppies zu einer Zeit, als die Phase eines großen Wirtschaftswachstums der Ernüchterung Platz machte. Sie haben mehr bahnbrechende technologische Innovationen in ihrem bisherigen Dasein erlebt als vor ihnen fünf Generationen zusammen. Personal-Computer, die Entdekkung des Weltraums und der Kampf um die Natur nach jahrhundertelanger Ausbeute sind zentrale Themen ihrer Ausbildung gewesen. Sie mußten sich ihren Studien- und ihren Arbeitsplatz schwer erkämpfen. Das hat sie gestählt.

Kein Wunder, wenn diese neue Generation voll auf Karriere und Erfolg setzt und diese Erfolge auch auskosten möchte – mit neuen Werten für Konsum und einem neuen Lebensstil. Und mit einer neuen Individualität.

In die Welt der Yuppies hineinzulesen, sie zu kennen und zu verstehen, ist Sinn dieses Buches. Mancher wird sich vielleicht dort wiederfinden. Aber auch wer ein Yuppie werden möchte, erhält viele Anregungen.

Viel Spaß beim Lesen
wünschen
Verlag und Verfasser

DIE TYPOLOGIE DER YUPPIES

Eine Nase für Trends

Da bisher in den Nachschlagewerken eine griffige deutsche Definition des Yuppie fehlt, muß auf eine amerikanische Erklärung ausgewichen werden, die dem »Yuppie-Handbook« entnommen ist:

Yuppie or Yuppy pl. Yuppies: (hot, new name for Young Urban Professional): A person of either sex who meets the following criteria: 1) resides in or near one of the major cities; 2) claims to be between ages of 25 an 45; 3) lives on aspiration of glory, prestige, recognition, fame, social status, power, money or any and all combinations of the above; 4) anyone who brunches on the weekend or works out after work. The term crosses ethnic, sexual, geographic – even class – boundaries. Aj.: Yuppiesque, Yuppie-like, Yuppish à la Yuppie. See also fast trackers, baby boomers.

Die Yuppies wurden zuerst in den USA »entdeckt« und vor allem als potente Zielgruppe von amerikanischen Marketingstrategen demographisch definiert. Der europäische Yuppie gleicht in etwa dem amerikanischen, wobei einzelne Abweichungen auszumachen sind.

Um den Yuppie in Europa und speziell hierzulande zu charakterisieren, kann eine Marketing-Untersuchung der Münchner Unternehmensberatung

Dr. Höfer & Partner, die in Zusammenarbeit mit dem Mediabroker H. M. S. in Wiesbaden entstand, gute Dienste leisten. Für Europa wurden folgende neue Zielgruppen definiert:

1. Die Euro-Yuppies
2. Die Perspektivensucher
3. Die Nachkarrieristen
4. Die jugendlichen 60er
5. Die aktiven 70er

Nach den Ergebnissen der Marktstudie decken die fünf neuen Zielgruppen etwa acht bis zehn Prozent der europäischen Bevölkerung ab. Sie repräsentieren eine beachtliche Konsumkraft.

Die »Euro-Yuppies werden als Aufsteiger zwischen 20 und 39 Jahren definiert, die ein hohes Bildungsniveau und ein hohes Einkommen aufweisen. Sie verdienen in der Bundesrepublik über 4000 Mark brutto im Monat und wohnen vorwiegend in Städten oder in Randgebieten. Es handelt sich um eine äußerst konsumfreudige Gruppe, die auf etwa 1,4 Millionen Personen in Westeuropa geschätzt wird. Das Nachfragepotential soll über 40 Milliarden Mark betragen.

»Euro-Yuppies« zeichnet ein ausgeprägtes Markenbewußtsein für hochpreisige Produkte aus. Sie werden als Anhänger eines »demonstrativen« Konsums charakterisiert. Sie kaufen also nicht Massenprodukte, sondern Nischenprodukte, streben nach Erfolg und sehen optimistisch in die Zukunft.

Yuppies sind besonders unter den »Innovatoren«

und »Trendsettern« auszumachen, die von den Autoren der Untersuchung »Dialoge 2« im Rahmen der »Stern-Bibliothek«, Professor Dr. Hans Raffée und Dipl.-Kfm. Klaus-Peter Wiedmann in einer Größenordnung von insgesamt vier Prozent der Bundesbürger angegeben werden. Es handelt sich um Personen mit »höherer Bildung sowie Personen mit höherem Einkommen, die einen deutlichen Hang zur demonstrativen Individualität aufweisen und hinsichtlich ihres allgemeinen Verbraucherverhaltens in erster Linie als ›Großzügige Prestige-Käufer‹ oder ›Generell Konsumfreudige‹ – teilweise aber auch als ›Preis-Leistungs-Käufer‹ oder ›Bio- und umweltbewußte Konsumenten‹ – zu charakterisieren sind.«

Zu diesem harten Kern sind – so die Studie – noch jene in die Gruppe der Innovatoren einzuordnen, die sich voll dazu bekennen, das technisch Neueste zu kaufen (zehn Prozent der Bevölkerung) bzw. sich immer über neue Produkte auf dem laufenden halten (16 Prozent der Bevölkerung).

Der Nährboden, aus dem sich hierzulande die Yuppies entwickeln können, ist also weiträumig abgesteckt. Er bezieht auch Gruppen wie die »Lebens-Erotiker« mit ein, die einen extrovertierten Lebensstil ebenso pflegen wie einen sozio-kulturell engagierten. Sie sind konsumfreudig, neuen Trends aufgeschlossen und weisen eine ausgesprochen positive Einstellung gegenüber der Technik auf. Etwa 13 Prozent der Bevölkerung können nach Meinung der Stern-Untersuchung als »Lebens-Erotiker« bezeichnet werden. Stark vertreten in dieser Gruppe sind Bewohner von Großstädten und Personen mit höherer Schulbildung.

Die »Lebens-Erotiker« weisen ein Konsumverhalten auf, das für andere Leitbildfunktion hat. Die Werbung hängt sich also gerne an diese Zielgruppe.

Während die Mehrheit hierzulande als unauffällig (22 Prozent), bescheiden und genügsam (14 Prozent), pflichtorientiert, kleinbürgerlich (18 Prozent) und sozio-kulturell orientiert (13 Prozent) bezeichnet werden kann, gelten nur 16 Prozent als arbeitsorientiert und 18 Prozent als genußorientiert und extrovertiert. Diese genußorientierten Menschen kurbeln die Inlandsnachfrage durch eine extrem überdurchschnittliche Ausgabenbereitschaft an. Sie wollen sich von anderen Bevölkerungsschichten abheben.

Zu den »Lebens-Erotikern« lassen sich auch die »sozio-kulturell Orientierten« zählen. Neben einem hohen Maß an Konsumfreudigkeit und dem Wunsch, ein Leben auf hohem Niveau zu genießen, wollen sie noch Verantwortung für die Gesellschaft tragen. Die typischen Yuppies unter ihnen wägen allerdings ein mögliches Engagement zuvor besonders kritisch ab. Demonstrieren – im Notfall ja, aber nur wenn sich dabei etwas bewegen läßt. Übrigens sind nach Meinung der Stern-Studie die »sozio-kulturell Orientierten« etwas männerlastig, während bei den »genußorientierten Extrovertierten« ein ziemlich ausgeglichenes Verhältnis zwischen Frauen und Männern festzustellen ist.

Yuppies sehen Leistung nicht wie 28 Prozent der

Bevölkerung als Pflicht oder wie ebenfalls 28 Prozent als Antriebsschwäche, sondern als persönliche Motivation und als Mittel, um Karrriere zu machen. Die Leistungsbereitschaft im Berufsleben setzt sich auch im privaten Bereich mit Sport und Fitneß fort. Die hohe Leistungsbereitschaft im Berufsleben wird durch Freude an der Arbeit und am Beruf motiviert – ein typisches Merkmal von »Lebens-Erotikern«.

Das Verhältnis der Yuppies zur Technik zeigt zwei Typologien – einmal die »Technik-Aufgeschlossenen« und zum anderen die »Technik-Freaks«. Insbesondere High-Tech und Computer finden Interesse. Das Beherrschen des Computers gilt als Statussymbol. Der Computer wird auch als Karrierehelfer und als Problemlöser angesehen, der hilft, Arbeiten schneller und genauer zu erledigen.

Ohne Zweifel sind Yuppies leicht für Trends sensibilisierbar. Sie erkennen und adaptieren schnell neue Entwicklungen – allerdings nicht, ohne sie vorher im Hinblick auf ihre eigenen Bedürfnisse abgeprüft zu haben. Das bedingt auch, daß durch diese Gruppe vermeintliche Trends zu Flops umfunktioniert werden können. Die Meinungsbildnerrolle, die den Yuppies zugesprochen wird, kann sich also für manche Marketingstrategie auch negativ auswirken.

BETRIFFT: YUPPIES

Gehörtes – Gelesenes – Gesehenes

Es gibt viele Meinungen über Yuppies – gedruckte, öffentlich ausgesprochene, aber auch solche, die mehr unterschwellig als Vorurteile kursieren. Eine Auswahl davon ist hier zusammengetragen.

Yuppies ...

... sind keine Kaste, zu der nur Leute Zutritt haben, die auf Karriere setzen.

... ist nicht schnuppe, wie das Parfüm riecht, Hauptsache, es duftet nach Cartier.

... bezeichnen das Putzen ihres eleganten Schuhwerks als sinnliche Angelegenheit.

... sind smarte Trendsetter, die sich als Meister der Vorstellung eines cool inszenierten Bluffs entpuppen.

... weisen uns den Weg zu den sieben fetten Jahren, die gerade angebrochen sind.

... zeigen uns eine Tendenz zu einem immer stärkeren Selbstbezug der Menschen auf.

... hoffen, daß Lebensgenuß auch Lebenssinn vermittelt.

... wollen keinen modischen Haarschnitt, sie wollen ein personenspezifisches Styling.

... »turnt« ein Zwölf-Stunden-Tag an.

... sehen sich als Alternative – auf der entgegengesetzten Seite jenes Spektrums, wo sich die Grünen etabliert haben.

... wollen gesehen, geachtet, geliebt und bewundert werden.
... setzen auf die Karte Karriere.
... treten täglich auf jenem Schlachtfeld an, auf dem nur Karriere, Geld und Geltung zählen.
... bekommen ihre Signale von Cognac und Kaviar.
... betrachten die Welt als überfülltes Warenhaus.
... schätzen schönes Leben und streben nach Verfeinerung, Geschmack und Styling.
... sind auf der Konsumsuche nach der verlorenen Identität.
... gehören jener Kaste an, der heute die Welt offensteht.
... planen ihre beruflichen Erfolge mit der Präzision von Militärs.
... gehen immer »straight on«.
... fördern das explosionsartige Anwachsen des Luxuskonsums.
... sind die gesellschaftlich anerkannteren Verwandten der Schicki-Mickis.
... gelten in ihrem Kaufverhalten als die Frühindikatoren der Konjunkturentwicklung.
... haben Hochkarätiges am Arm und eine Menge Kreditkarten in der Tasche.
... leben und handeln nach der Devise: »If you are not first, you are last. If you are last, you are lost!«
... zeigen gerne ihre konservativ-eleganten Schuhe her.
... geben ihren Mitmenschen ein neues Luxusgefühl.

... meinen, man müßte nicht den Reichtum, sondern die Armut abschaffen.
... sind eine ungeduldige Generation, die den Umgang mit Geld und natürlichem Wohlstand frühzeitig erfahren hat.
... sind nicht mit den »Ultras« zu verwechseln, jenen Lebe-Menschen mit einer besonderen Liebe zum totalen Konsum.
... fahren auch Ente und tragen Cerutti-Anzüge.
... sind das Gegenteil von kritisch-lustfeindlichen Struppies.
... meinen: Immer noch besser ein Zerrbild des besseren Lebens als gar keines.
... wollen mit Yuppies nicht in einen Topf geworfen werden, da der Begriff Yuppie nach ihrer Meinung zum Teil mit einem negativen Image belastet ist.
... öffnen Champagnerflaschen geräuschlos.
... meinen, es gibt heute kaum noch Leute mit Klasse und Stil.
... sehen sich selbst als des Glückes Schmied.
... setzen neue Konsummaßstäbe.
... sind der Meinung, daß Lebensfreude auch was kosten darf.
... beherrschen den small-talk.
... wirken in Diskotheken wie Kernseifenstücke, die in eine undefinierbare Brühe gefallen sind.
... sehen Arbeit als etwas Positives an.
... genießen das Nachtleben vernünftig rationiert.
... betrachten das Leben als Rutschbahn.
... setzen neue Werte von »in« und »out«.

... haben ein feinnerviges Gespür für den Zeitgeist.
... sind die Trendlemminge der neuen Konsumgesellschaft.
... sind lebendige Symbolfiguren des schönen Seins und Scheins.
... wollen Spaß haben und Individualist sein.
... konsumieren nicht kritiklos und gehen auch nicht im Luxus baden.
... sind zukunftsorientiert.
... wird eine Philosophie aus der Retorte angedichtet.
... konsumieren anständig und kleiden sich vorbildlich.
... haben Erfolg in einem schärfer gewordenen Wettbewerb.
... gelten zum Teil als »gespaltene Konsumenten«. Sie kaufen die Zahnpasta bei Aldi und den Kaschmirmantel in einer Nobelboutique.
... verfügen über eine hochsensible Radaranlage mit der sie neue Trends frühzeitig aufnehmen.
... sehen, daß nichts erfolgreicher ist als der Schein vom Erfolg.
... lassen die Konsumgüterindustrie immer höher geschraubten Wünschen einer Gesellschaft hinterherhetzen, die vor vier Jahrzehnten bei Null angefangen hat.

DER YUPPIE ALS KONSUMENT

Kaufen kann zum Rausch werden

Ohne Zweifel: Der Yuppie läßt sich in die Kategorie »Großzügiger Prestige-Käufer« einordnen, die etwa vier Millionen Bundesbürger umfaßt. Dazu Dipl.-Psychologe Peter Beike in »Dialoge«, einer Publikation der Stern-Bibliothek: »Der innovative Charakter der Produkte ist für diesen Konsum-Typ von entscheidender Bedeutung, exklusive Geschäfte werden deutlich favorisiert. Die Prestige-Käufer pflegen einen extrovertierten Lebensstil, sie sind materialistisch orientiert, der Umweltschutzgedanke ist bei ihnen sehr gering ausgeprägt. Sie sind zielstrebig und selbstbewußt, politisch der CDU/CSU sowie der FDP zugetan: Männer und formal höher Gebildete sind in diesen Typen überrepräsentiert. Printmedien wie auch Fernsehen erfahren eine intensive Nutzung.«

Yuppies sind aber noch in anderen Käuferpotentialen anzutreffen. So bei den »Generell Konsumfreudigen«, bei denen der tatsächliche Bedarf nicht die entscheidende Rolle spielt, sondern zusätzlich der Spaß am Konsum zum Kaufanreiz wird. Aber auch bei den »Preis-Leistungs-Käufern«, die stark auf Qualität achten und auf klingende Firmennamen setzen, finden sich die Yuppies.

Eine Zielgruppe also, die von der Wirtschaft umworben wird. Und die auch Anforderungen an die

Wirtschaft stellt. So ist bei den Yuppies ein ausgeprägtes Bedürfnis nach Qualität und Kundenservice zu beobachten. Die Devise lautet: Lieber mehr bezahlen, aber dafür auch Qualität verlangen und die Sicherheit zu haben, auch im Servicefall gut bedient zu werden.

Stark ausgeprägt ist der Trend zum Individualismus, der sich besonders bei der Auswahl der Produkte zeigt. Klingende Marken werden No-Name-Produkten vorgezogen. Aber: Es macht den Yuppies auch Spaß, gelegentlich in Aldi-, Norma- oder anderen Billig-Läden aufzutauchen, um eine Büchse Linsen für 89 Pfennig, eine Zehnerpackung Mohrenköpfe für 1,80 Mark oder eine Dose Heringsfilet mit Tomatensauce für 79 Pfennig zu kaufen. Da mag ein wenig Nostalgie mitschwingen – Kindheitserinnerungen, aber auch Erinnerungen an karge Jahre der Studentenzeit und des beruflichen Einstiegs. Yuppies müssen im allgemeinen ihren Besitzstand schwer erkämpfen. Wo schmecken, so eingestimmt, Linsen, Heringsfilet aus der Dose oder Mohrenköpfe origineller als aus dem Regal eines Billiganbieters?

Im Zeitgeist-Blatt »Wiener« wird ein Kenner der Szene so zitiert: »Schau'n Sie, das ist ganz einfach. Bei Aldi wurde der alte Werbetrick ›ich kaufe, also bin ich‹ umgesetzt. Aldi ist die Übertragung der Prinzipien des Bauhauses auf die täglichen Reproduktionsbedürfnisse.«

Ein anderer Kenner wird in derselben Zeitschrift auf die Frage, was er vom Aufmarsch der besseren Kreise im kärglichen Billig-Supermarkt halte, so zitiert: »Erstens, warum nicht. Zweitens, wer konnte die Nouvelle Cuisine schon ernsthaft leiden? Glaubst du denn, daß die Bourgeoisie nicht manchmal Heißhunger nach einer großen Büchse Linsen in sich verspürt, die nirgendwo so abgründig nostalgisch schmeckt wie bei Aldi? Drittens: Aldi-Produkte sind nicht wirklich schlecht. Ist dir nie die Garantieerklärung aufgefallen, die in jedem Laden hängt? Ich habe sie auswendig gelernt, weil der Texter einer poetischen Armut nicht entbehrt: Jeder Artikel, den Sie gekauft haben, ist mit der umfassendsten Garantie ausgestattet, die denkbar ist. Was nicht gefällt, wird zurückgenommen, der Preis erstattet.« Welcher Yuppie möchte da nicht einmal eine Flasche »Markensekt Schloß Auersbach« für 1,69 Mark kosten?

Yuppies kaufen manches nur aus Spaß. Sie beschränken sich also nicht auf notwendige Ausgaben. Damit entsprechen sie dem typologischen Grundmuster einer Zielgruppe, die Marktforscher mit »Generell Konsumfreudige« oder »Großzügige Prestige-Käufer« bezeichnen. Diese Gruppen verhalten sich ebenso wie die Yuppies sehr technikorientiert. Insbesondere was an neuen Consumer-Elektronik-Produkten auf den Markt kommt, wird gerne gekauft – gleichgültig, ob technisch besonders aufwendige Radios, Taschencomputer-Spiele, raffiniert konstruierte Telefone aus Fernost (die für wenig Geld mehr bieten als die sattsam bekannten Post-Telefone), Home-Computer, CD-Player, hauchdünne Taschenrechner oder elektronisch gesteuertes Spiel-

zeug. Aber: Das hohe verfügbare Einkommen hält Yuppies nicht davon ab, sich intensiv nach Testurteilen von Fachzeitschriften zu orientieren.
Klingende Firmennamen spielen beim Kaufentscheid eine zentrale Rolle, wobei Hersteller exklusiver Artikel die Yuppies beim Kaufentscheid besonders interessieren. Schließlich möchte man sich aus der Masse abheben. Dafür hat der Yuppie schwer gearbeitet und arbeitet noch dafür. Dieses Engagement, das oft mit Entbehrungen verbunden war, möchte er sich selbst belohnen – mit Luxus. Produkte und Dienstleistungen, die der Hauch des Extravaganten umgibt, werden beim Kauf stark favorisiert.

Fazit: Prestige-Produkte kommen bei den Yuppies besonders an. Und wer Markt über Trends machen möchte, der muß diese engagierten Erfolgs-Karrieristen in sein Marketingkonzept einbeziehen.

DIE MODE

Jeden Tag auf dem Laufsteg

Eine Warnung an die Männer: Bloß keine weißen Socken mehr, außer du spielst Boris Becker. Und an die Frauen: Pluderhosen sollten der türkischen Putzfrau geschenkt werden.

Ob Yuppie-Mann oder Yuppie-Frau, in der Mode wird Eintracht demonstriert. Beide Geschlechter achten auf Qualität und orientieren sich an Trends, die sich aus einem konservativen Grundkonsens entwickelten. Doch sind auch schrillere Töne gefragt, wenn sie nicht dominieren. Gemischt wird nach dem Yuppie-Motto, Individualist zu sein und sich nichts diktieren zu lassen – auch nicht von den Modefürsten. Die Jeans zur echt bayerischen Lodenjacke gelten ebenso als tragbar wie der Kaschmirmantel zur sportlichen Cordhose.

Nobelmarken sind gefragt. Das führt dazu, daß Firmen mit klingendem Namen einen fast schon abenteuerlichen Diversifikationsprozeß einleiten, um für die neue Zielgruppe der Nobelmarkenbewußten ein möglichst breitgefächertes Angebotsspektrum abdecken zu können. Ein Beispiel dafür ist die Firma Dunhill, die primär für Feuerzeuge bekannt ist. Von Dunhill gibt es heute modisch-elegante Uhren für den prestigebewußten Er und die modisch orientierte Sie, Krawatten, Kaschmirschals, Füllfederhalter und Kugelschreiber, Schlüsselanhänger, Manschettenknöpfe, Krawattenklammern, Shampoos, Eau de Toiletts, After Shaves, Deodorants, Hair Conditioner, Havanna-Zigarren und sogar Finest Scotch Whiskys.

Dunhill ist kein Einzelfall. Nobelmarken wie Cartier, Dior, Gucci und Yves Saint Laurent bieten ebenfalls ein breites Produktspektrum, das viele Wünsche aller elitären Zielgruppen abdeckt.

Der Yuppie fühlt sich zwar als Individualist. Er kann oder will sich aber nicht den kurzen Trendzyklen in der Mode gänzlich widersetzen. Deshalb lassen sich Modetrends bei Yuppies nur bedingt aufzeigen. Was heute noch als aktuell gilt, kann morgen schon wieder museale Züge tragen.

Schon über einen längeren Zeitraum sind klassische englische Sakkos sehr beliebt. Dazu Seidenkrawatten mit dezentem Muster. Das schmucke Band der neuen Männlichkeit wird täglich von über 600 Millionen Männern um den Hals gebunden. Was noch vor ein paar Jahren verächtlich als »Kulturstrick« denunziert wurde, gilt heute wieder als voll gesellschaftsfähig. Im Trend der neuen Eleganz liegen englisch inspirierte Club-Krawatten – nicht schreiend bunt, sondern eher in gedämpften Farben. Aber es gibt auch ein Kontrastprogramm zu den klassischen Krawatten: Schlipse mit orientalisch anmutenden Motiven.

In der Innentasche des Sakkos steckt ein »Luxusgriffel«, der Individualität, Stil, Geschmack und Persönlichkeit ausdrückt. Solche Schreibutensilien kommen von Cross, Dunhill, Parker oder Cartier.

Sie sind gelackt, aus Edelstahl, vergoldet oder versilbert und kosten weit über 100 Mark – zum Teil sogar über 500 Mark. Da Briefeschreiben wieder »in« ist, und das trotz oder gerade wegen der modernen Kommunikationstechniken, zeigt sich ein Trend zu Nostalgie-Formen bei Füllfederhaltern und Kugelschreibern.

In der Außentasche des Sakkos steckt eine Sonnenbrille, wenn sie nicht gerade auf der Nase sitzt. Und das kommt sehr oft vor, denn nicht nur zur Sommerzeit wird – wie von Jack Nicholson, Karl Lagerfeld, Sylvester Stallone oder Prinz Albert von Monaco – die Brille mit den dunklen Gläsern getragen. Dabei dient die Sonnenbrille nicht nur zum Schutz der Augen, sondern auch dem Zweck, sehen, ohne gesehen zu werden. Frauen finden es schick, die Brille dekorativ über der Stirn auf den Haaren aufzusetzen – selbstverständlich mit den Bügeln am Ohr.

Blazer zu Jeans gelten als gesellschaftsfähig – sowohl bei Männern als auch bei Frauen. Männer bevorzugen Flanellhosen und Frauen das Kostüm im Business-Look – abgeschaut bei den Karrieristinnen in Werbeagenturen, die zur Mittagszeit oder nach Büroschluß zu Hunderten rund um die Madison – dem Mekka der Werbeagenturen in New York – zu sehen sind.

Frauen und Mädchen tragen heute auch Faltenröcke, Seidenblusen und Perlenketten. Dazu die Louis-Vuitton-Aktentasche zum Umhängen. Sie kann auch von Gucci stammen. Cartier- oder Rolex-

Uhren, aber auch Piaget-, Dunhill- und Gucci-Uhren zieren das Handgelenk der Frau, während der Mann immer noch in eine Rolex verliebt sein kann. Yuppie-Uhren für Männer kommen auch von Cartier, Dunhill, Omega und Baume & Mercier. Während der männliche Yuppie bei Armbanduhren immer auf Seriosität setzt, läßt sich die Frau gelegentlich zu einem Hippie-Ausflug inspirieren und trägt Swatch oder einen ähnlich poppigen Zeitmesser.

Männer, die im Geschäftsleben stehen, kommen an dunklen, meist gestreiften Anzügen kaum vorbei – ein- oder zweireihig, mit und ohne Weste. Beliebt sind auch Kombinationen, wobei die Sakkos meist in dunkleren Farben getragen werden. Viel Flanell wird dabei verarbeitet.

Die Modebranche hat in den letzten Jahren insbesondere im Sommer verstärkt auf Weiß gesetzt. Mit Erfolg. »Weiß«, so die Zeitschrift »Lui«, »wurde zum unübersehbaren Erkennungszeichen einer gesellschaftlichen Elite.« Und weiter: »Weiß ist nun mal nicht für alle Tage gedacht, eher für fürstliche Stunden oder für die ›schönsten Tage im Jahr‹. Dies entspricht auch den Vorstellungen internationaler Modemacher, die – von Yohij Yamamoto bis Giorgio Armani, von Kenzo bis Jochen Holys ›Hugo Boss‹ – den Mann im Hochsommer als ›weißen Riesen‹ sehen wollen. Entweder uni, von Kopf bis Fuß in einem Ton, oder aber in sensiblen Harmonien verschiedener Nuancen: sanftes Creme, aufgehellt durch strahlendes Schneeweiß.«

Während die Frauen mehr auf Schuhe aus italienischen Modebetrieben setzen, scheint bei den Männern eine Renaissance von hochwertigem Schuhwerk konservativer Prägung einzusetzen. Schuhgeschäfte sind zum erklärten Ziel ganzer Yuppie-Heerscharen geworden – insbesondere wenn sie den englischen oder den amerikanischen Modestil pflegen. Solides Schuhwerk ist gefragt – auch wenn es bis zu 700 Mark kostet. Brigitte und Peter Eduard Meier, die heute Deutschlands ältestes Schuhhaus in München führen, in dem schon Hermine von Preußen, zweite Frau des deutschen Ex-Kaisers Wilhelm II., ihr Schuhwerk bezog, wissen um den neuen Trend, der eigentlich an einen alten anknüpft: Die vollwertige Alternative zum Maßschuh heißt »rahmengenähte Schuhe«. Schuhe, die in dieser »königlichen Machart« hergestellt sind, bieten im Vergleich zum geklebten Schuh »eine mindestens dreimal so hohe Lebensdauer« und einen »optimalen Tragekomfort«. Der Yuppie weiß es zu schätzen.

Zu den klassischen Herrenschuhen zählt der Yuppie:

- Straight Tip Oxford. Er hat eine eingearbeitete Schnürung und eine zusätzliche Naht am Ende der Vorderkappe. Damit wird der Schuh optisch elegant unterteilt.
- Penny Loafer. Ein ungeschnürter Halbschuh, der auch als Slipper bezeichnet wird. Er weist einen Schlitz in der verstärkten Lasche auf, die ursprünglich zum Einstecken von Telefonmünzen gedacht war.
- Tassel Loafer. Dieser Schuh gilt als die spieleri-

sche Variante des Penny Loafer. Sein Markenzeichen: Ledersenkel rund um den Hinterschuh und zwei Bommel an der Lasche.

- Oxford- oder Blattschnitt. Ein Schuh mit Schnürung und Ösen für die Schuhsenkel. Die Ösen sind ins Oberleder eingearbeitet.

Die Welt präsentiert sich zur Zeit als überfülltes Warenhaus. Der Yuppie bedient sich daraus. Seine Sehnsucht nach Lebensgenuß stillt er mit Prestige-Waren. Seine »Outfits« tragen berühmte Namen renommierter Designer, was sich auch in den Preisen niederschlägt: Herrenanzüge von Cerrutti, Zenga oder Kiton, Nadelstreifenkleider von Comme de Garçons oder Röcke von Yamamoto, Strickkleider von Missoni oder Kostüme von Jil Sanders – je Stück zwischen 1000 und 3000 Mark. Dazu zählen bei Frauen noch Kleidungsstücke von Azzedine Alaia, Jean-Paul Gaultier und Paul Smith, um nur einige zu nennen. Die Yuppie-Frau kleidet sich gerne in kühle Seide oder schlichten Kaschmir. Lebensfreude darf etwas kosten und auch gezeigt werden – in der Umsetzung der Erkenntnis: »Kleider machen Leute«.

KOPIEN VON LUXUSMARKEN

Die Lust, Image zu bilden und Finanzierungslücken zu vermeiden

Ein echter Yuppie braucht seine Statussymbole: Lacoste-Hemden, Rolex- und Cartier-Uhren, Louis-Vuitton-Taschen, Boss-Jogging-Anzüge, Kenzo-Jeans, Closed-Hosen und vieles mehr. Das Problem ist nur: Diese Aushängeschilder gehobenen Lebensstils kosten Geld, viel Geld. Die Marketingstrategen der Unternehmen mit dem Luxus-Appeal setzen stark auf den Preis, der sie damit weit von der Konkurrenz aus dem Massengeschäft abhebt und ihre Waren dem harten Wettbewerb im Massenkonsummarkt nicht aussetzt. Eine clevere Strategie.

Das Haben-Wollen, aber Nicht-Können vieler Bevölkerungskreise macht die Marken noch interessanter. Der Yuppie gerät oft in ein Dilemma. Clevere Unternehmer und Händler haben diese Marktlükke erkannt und daraus ein florierendes Geschäft entwickelt – die Kopien von Luxusmarken.

Die Plagiate kommen meist aus Taiwan, Korea und Hongkong. Der deutsche Zoll beschlagnahmt jährlich für 300 Millionen Mark Koffer, Gürtel, Brillen, Jogging-Anzüge, Uhren, Feuerzeuge, Pullover, Taschen, Füllfederhalter, Kugelschreiber und vieles mehr. Yuppies, die das Glück haben, dank ihrer beruflichen Aktivitäten nach Asien reisen zu können, haben längst die Quellen aufgespürt, wo

Luxusmarken zu Preisen von No-Name-Waren gehandelt werden – als Kopie. Korea gilt zum Beispiel als Einkaufsmekka für Reisetaschen, Geldbörsen, Handbags, Brieftaschen und Koffer der Marken Louis Vuitton und Gucci. Die koreanischen Kopien – sie werden vor allem in der Einkaufsstraße X angeboten – stehen zum Original in einem preislichen Verhältnis, das gelegentlich mit 1:10 bewertet werden kann. Einkaufsexperten von Kopien wissen, bei Louis-Vuitton-Taschen muß darauf geachtet werden, daß sich das Material geschmeidig anfühlt und die Farbe nicht zu dunkel ausfällt. Übrigens: Louis-Vuitton-Taschen werden als Kopien auch in Italien angeboten.

Singapur gilt als *die* Einkaufsstadt Asiens. Die Regierung des Stadtstaates hat per Gesetz den blühenden Handel mit Kopien unterbunden. Aber es gibt ihn noch – zum Beispiel bei »Hinterhofhändlern« im berühmten Einkaufszentrum Lucky Plaza. Dort deckt sich mancher Yuppie mit Cartier- oder Rolex-Uhren ein.

Kopien von Lacoste- und Fila-Hemden werden besonders gerne in Hongkong gekauft. Fliegende Händler bieten sie in den Abendstunden in der Nathan Street gegenüber dem berühmten Nobelhotel Peninsula im Stadtteil Kawloon an. Wegen der ständigen Polizeirazzien muß allerdings schnell zugegriffen werden, da die Händler mit einem »Aufpasser« arbeiten, der durch Pfiffe das Herannahen eines Polizisten ankündigt. Dieses Signal wiederum löst beim Händler hektische Aktivitäten aus: Eine Plane wird schnell über den Verkaufswagen gestülpt und dieser in eine dunkle Seitenstraße geschoben. Für rund sechs bis acht Mark gehen in Hongkong die Markenhemden über den fahrbaren Verkaufstisch. Als gute Einkaufsadresse in Sachen Kopien gilt auch der Nightmarket in der Temple Street (für rund eine Mark bequem mit der U-Bahn von den meisten großen internationalen Hotels zu erreichen). Dort werden Imitationen von Lacoste- und Fila-Hemden sowie Kopien berühmter Uhrenmarken angeboten. Um nicht mit den Gesetzen in Schwierigkeiten zu kommen, zeigen die Händler nur ein Plakat mit Abbildungen von Luxusuhren. Eine einfache Lösung, um den patrouillierenden Ordnungshütern keinen Anlaß zum Eingreifen zu geben. Der Kunde bekommt seine Ware dann meist in einem Hausgang oder dezent hinter einem Verkaufsstand überreicht. Wer abends keine Zeit hat, die Temple Street zu besuchen, der kann tagsüber die Uhren und Hemden auch in den engen Marktstraßen auf der Hongkongseite des Stadtstaates am chinesischen Meer in der Nähe des Hilton-Hotels kaufen. Allerdings beklagen hier Yuppies die geringe Auswahl.

Etwas abseits der traditionellen Yuppie-Reiserouten liegt Taiwan, wo fast alle Markenuhren in Kopie angefertigt werden. Kostenpunkt ca. 40 bis 60 Mark. Die Händler sind vor allem in der Hauptstadt Taipeh neben dem berühmten Schlangenmarkt zu finden, wo die Reptilien bei lebendigem Leib gehäutet werden. Dieses makabere Schauspiel läßt sich kaum einer der Käufer von Uhren entgehen. Das frisch aus den Zähnen gepreßte Gift, das Blut und die Galle der Schlange werden mit einem besonderen Medikament vermischt und dann in kleinsten Portionen serviert. Die als Wundermittel angepriesene Mixtur soll sowohl vor Krankheiten schützen als auch die Potenz im Liebesleben erhöhen. Europäische und amerikanische Besucher des Schlangenmarktes (Snake Alley genannt) verlassen sich allerdings lieber auf die eigenen Kräfte und streben nach dem grausigen Schauspiel zu der im 90-Grad-Winkel anschließenden Marktstraße, die am größten Tempel Taipehs vorbeiführt. Dort bieten Händler Kopien von Uhren an, die täuschend echt den Originalen der Luxusmarken gleichen, aber keine der berühmten Namenszüge wie Cartier oder Rolex tragen. Der Grund läßt sich leicht erklären: Wer kopierte Waren herstellt oder anbietet, der muß in Taiwan mit Gefängnis bis zu einem Jahr rechnen. Die Händler wissen aber, daß die Uhren nur mit den Namenszügen der Edelmarken zu verkaufen sind. Auf Anfrage und wenn die Kunden nicht als Abgesandte der Originalhersteller verdächtigt sind, werden sie meist durch eine Bar oder durch ein Uhrengeschäft in ein Hinterstübchen geschleust, dessen Eingang als solcher nicht zu erkennen ist. Dort breiten die Händler dann das gesamte Angebot der Luxusuhrenindustrie aus – als Kopie versteht sich. Kaufpreis zwischen 40 und 80 Mark. Versierte Taiwan-Reisende haben den Katalog der Firma Wempe im Gepäck, in dem die Originaluhren abgebildet sind. Damit läßt sich leicht ein Vergleich mit den Kopien anstellen.

Der Besitz von Kopien der Luxusmarken teilt die Welt der Yuppies. Die einen zwingt die finanzielle Lage dazu, mit Kopien beim Vorzeigen der angeblich so wichtigen Statussymbole mithalten zu können. Die anderen wiederum betrachten es als Sport, ihre Mitmenschen, insbesondere jene aus der Welt der Yuppies, an der Nase herumzuführen und sie gelegentlich vor Neid erblassen zu lassen. Bei günstigem Kauf läßt sich für rund 200 Mark ein Sortiment an Nobeluhren erwerben, um innerhalb einer Woche jeden Tag eine andere Markenuhr zu tragen.

Seit einiger Zeit gilt es als schick, jedermann wissen zu lassen, daß Uhren und Hemden Kopien sind. Die Frage auf einer Party »Wie gefällt dir meine neue Cartier-Uhr?« und das darauffolgende Eingeständnis »Es ist selbstverständlich eine Kopie, die ich in Hongkong gekauft habe« sind immer öfter zu hören. Weisen doch solche Bemerkungen den Frager auch als weitgereist aus.

Wie Kopien von Originalen zu unterscheiden sind

- Beim grünen Lacoste-Krokodil gerät gelegentlich den Fälschern die Zunge zu lang. Außerdem sind die Krokodile oft nur mangelhaft auf die Hemden aufgeklebt.
- Die Qualität von Imitationshemden der Marken Lacoste und Fila unterscheidet sich oft stark von der der Originale. Die Fälschungen sind an der groben Struktur des Gewebes zu erkennen.

- Bei Lacoste-Socken scheinen viele Kopiisten noch nicht zu wissen, daß das Krokodil nur auf einer Socke (rechts außen) zu sehen ist.
- Viele gefälschte Uhren sind nicht wasserdicht. Außerdem wird billiges Plexiglas verwendet. Beim Kauf von kopierten Uhren sollte Plexiglas nicht akzeptiert werden. Der Käufer kann die Angabe des Händlers über Glas damit überprüfen, daß er ihn bittet, doch an das Glas die Flamme eines Streichholzes oder Feuerzeugs halten zu dürfen. Wehrt der Händler diese Bitte ab, kann davon ausgegangen werden, daß das Ziffernblatt nicht mit Glas, sondern mit Plexiglas geschützt ist.
- Bei einer Original-Rolex-Uhr tickt der Zeiger in kurzen Abständen, bei einer Quartz-Fälschung springt er jede Sekunde weiter.
- Gefälschte Louis-Vuitton-Taschen sind am wenig geschmeidigen Material und an der dunklen Farbe zu erkennen. Außerdem werden die Lederteile oft schief aufgenäht.
- Gefälschte Boss-Jogging-Anzüge erkennen Insider daran, daß der Boss-Schriftzug auf Brust und Bein kleiner ausfällt als beim Original. Der Schriftzug muß außerdem auf dem linken Hosenbein aufgetragen sein.
- Angeblich sollen Jeans der Marke Levis 501 so gut gefälscht sein, daß sie als Fälschung nicht mehr zu erkennen sind. Die Firma webt deshalb Lichtstreifen in den Stoff ein. Diese sind nur von Computern zu erkennen.

Sie sind wie die Lemminge

Gastronomen haben es nicht leicht, sich das Marktpotential der Yuppies zu erschließen. Da bedarf es eines sehr eigenwilligen Marketings, das starken Trends unterworfen ist. Der Yuppie neigt nämlich dazu, sich gegen den Status »Stammgast« zu wehren.

Restaurants müssen, um von Yuppies angenommen zu werden, eine sehr persönliche Note aufweisen. Der Besitzer sollte am besten ohne Berufskleidung, leger wie ein Yuppie gekleidet sein. Für das bedienende Personal sind lange, weiße Schürzen angebracht oder eben auch »Normalkleidung«. Nur nicht im üblichen Ober- oder Kellnerinnen-Look bedienen. Das kommt nicht an.

Wichtig ist dem Yuppie auch das Ambiente. Bevorzugt werden kleine Restaurants mit einer sehr persönlichen Note. Zuwider sind dem Yuppie gastronomische Stätten, die in ihrer Einrichtung überladen wirken. Je weniger an den Wänden hängt, um so besser. Diese Beobachtung gilt allerdings mit Einschränkungen. Lokale, die zu einer Art Galerie umfunktioniert sind, kommen dann gut bei der Zielgruppe an, wenn die Exponate Künstler von Niveau ausweisen – also nicht im Stile deutscher Wohnzimmergemälde mit dem röhrenden Hirsch oder einem Schiff auf hoher See als Motive.

Bei Yuppie-Restaurants darf der intime Rahmen nicht fehlen. Je weniger Tische und Stühle, um so besser. Wohnzimmer-Restaurants sind also gefragt.

Die Speisekarte darf nicht überladen sein. Sie sollte nur die gastronomische Richtung andeuten. Der Yuppie setzt voraus, daß ihm der Ober oder am besten der Patron des Hauses persönliche Empfehlungen gibt, die nicht auf der Speisekarte stehen, und daß man auch auf Sonderwünsche des Gastes eingeht. Beliebt sind auch gastronomische Betriebe, deren Speisekarte durch eine Wandtafel ersetzt ist, auf der mit Kreide angeschrieben ist, was heute angeboten wird. Die Auswahl sollte täglich wechseln.

Restaurants, die sich nicht spezialisieren, haben kaum eine Chance, in den Adreßbüchern der Yuppies vermerkt zu werden. Gefragt sind kleine Spezialitäten-Restaurants, wobei sicher die Küchen Italiens, Frankreichs, Griechenlands, Japans und Chinas Priorität genießen. Motto: Ich gehe zu Giovanni oder zu Pierre, um einen Happen zu essen.

Einen besonderen Stellenwert genießen die kleinen kulinarischen Stehimbisse, die am besten an ein Feinkostgeschäft angegliedert sind. Dort ein paar Austern zu schlürfen, Mozzarella mit Tomaten und Basilikum zu essen, eine Minestrone zu löffeln, Tagliatelle mit Trüffeln zu ordern oder sich ein kleines Angus-Steak brutzeln zu lassen, gilt als besonders originell. Wenn dazu noch ein berühmter Sternekoch als Dependance so einen kleinen Feinschmekkertempel unterhält, dann braucht er nur die Tür zu öffnen, und die Yuppies strömen in Scharen zu seiner feinschmeckerischen Futterkrippe.

Neben der Vorliebe für das kleine Restaurant ist zur Zeit ein Trend zum Kaffeehaus zu beobachten. Immer beliebter wird die Kombination aus Kunst und Kaffeehaus. Diese Voraussetzung erfüllen vor allem die Museumscafés. In den kulinarischen Kunstoasen sitzt der Gast zwischen Gemälden von Caspar David Friedrich, Kandinsky, Matisse oder Hundertwasser und weiß, daß insbesondere Singles beiderlei Geschlechts dort besonders stark vertreten sind. Museumscafés gelten als Brutstätten für das Knüpfen zarter Bande unter Single-Yuppies beiderlei Geschlechts.

Gastronomen, die auf Yuppie-Gäste setzen, leben ständig mit der Angst, vor leeren Stühlen zu stehen. Was heute bei den Yuppies als »in« gilt, kann morgen schon wieder »out« sein. Die Yuppie-Schar verhält sich in dieser Beziehung gerne wie ihre entfernten Verwandten – die Schicki-Mickis. Sie zieht gerne von einer Futterstelle zur anderen.

Woran Yuppie-Restaurants zu erkennen sind

- Kleiner, intimer Rahmen.
- Eher spartanische Einrichtung oder kunstorientiertes Ambiente.
- Kein uniformiertes Bedienungspersonal.
- Speiseangebot, das sich an dem Motto »Wenig ist mehr« orientiert. Also: eine für die Küche machbare Auswahl.
- Kleine Portionen, aber von hoher kulinarischer Qualität.
- Keine marktschreierische Werbung. Das gilt auch für die Fassadenwerbung. Motto: Nur von Insidern zu finden.
- Bevorzugte Küchen: italienisch und französisch.
- Typ: Imbißstube für Gourmets.
- Schiefertafel als Speisekarte.
- Besondere Empfehlungen des Patrons sind nicht auf der Karte ausgewiesen.
- Fast amateurhafter, aber freundlicher Service.
- Nach Originalrezept zubereiteter Capuccino.

Was Yuppies in Restaurants nicht schätzen

- Hinweise wie »Hier kocht der Chef selbst«
- Eine vielseitige Speisekarte
- Maggie und anderes zum Nachwürzen auf dem Tisch
- Speisekarten ohne Preise für Damen
- Vorlegen von großen Platten
- Anpreisen von Gerichten
- Weinflaschen im Raum gelagert
- Flambieren am Tisch
- Mehlsaucen
- Die Betonung von »gutbürgerlicher« Küche
- Warmhalten auf dem Rechaud
- Braune Einheitssauce
- Gerichte aus der Dose
- Kartoffelknödel, die nach Chemie schmecken
- Mit dem Mikrowellenherd Aufgetautes
- Internationale Küche, wenn damit mehrere Landesküchen vereint sind
- Keine korrekten Temperaturen des Weins
- Zigarren, die nicht aus der Klimabox kommen
- Salate aus dem Tiefkühlfach
- In der Sauce schwimmende Zutaten
- Zerkochtes Gemüse
- Phantasienamen für Gerichte (à la ...)
- Bier ohne Schaum
- Jägerschnitzel
- Tagessuppe
- Kompott aus der Dose

DAS AUSSER-HAUS-FRÜHSTÜCK

Die neue Lust, den Tag zu beginnen

Gäbe es die Yuppies nicht, so wären die deutschen Städte weiterhin ein gastronomisches Niemandsland in puncto Frühstück. Noch vor einigen Jahren waren Geschäftsleute gezwungen, sich zu einem Arbeitsfrühstück in einem Hotel zu treffen. Und dieses ließ sich meist nur arrangieren, wenn einer der Teilnehmer Hotelgast war. Nur in Universitätsstädten fanden sich einige Cafés, die ein Frühstück anboten – kräftig und preiswert. Allerdings genossen ihre Gäste den (oft nicht unbegründeten) Ruf, Langzeitstudenten zu sein.

Die Frühstücksszene hat sich gewandelt – dank der Yuppies. Heute findet sich in allen großen Städten eine Vielzahl von Cafés, Restaurants und Hotels, die spezielle Frühstücke anbieten und in denen es auch Spaß macht, den Tag kulinarisch zu beginnen. Frühstücken außer Haus ist besonders bei den Yuppies »in«. Und das sowohl geschäftlich als auch privat.

Der Yuppie stellt Ansprüche. Er liebt es zum Beispiel, wie im Nobelhotel Frankfurt Plaza an einem kanadischen Farmer's Breakfast-Buffet mit Eiern, Speck, Würstchen, Quark, Milch und Cornflakes zu frühstücken oder im Hamburger Hotel Intercontinental an der Außenalster ein kontinentales Frühstück à la carte einzunehmen. Angetan haben es ihm auch die vielen Frühstücksbuffets mit verschiedenen Säften und Tees, gemahlenem Hafer, Gerste, Weizen, Dinkel und Sesam für das Müsli zum Selbstzubereiten, mehreren Brotsorten und Konfitüren sowie Eiern, Speck und vielem mehr. Solche Buffets sind längst nicht mehr eine Domäne der bedeutenden Großstadthotels, wie dem Steigenberger Hotel Frankfurter Hof, sondern sie finden sich auch in der »Provinz« wie zum Beispiel im Würzburger Hotel Maritim.

Die neue Lust am Frühstück außer Haus hat aber auch die wirtschaftliche Basis für eine Vielzahl von Cafés geschaffen, die sich damit bereits vormittags einen nicht unbeträchtlichen Umsatz sichern. Diese Cafés sind allerdings Trends unterworfen. Sie können heute »in« und morgen schon wieder »out« sein. Der Yuppie wird nämlich von einem rastlosen Geist getrieben. Er will sich auch nicht so binden, wie dereinst die Wiener Kaffeehaus-Society, die jahrzehntelang ihrem Stammlokal die Treue hielt. Wer die Psyche des Yuppies kennt, der versteht auch sein Frühstücks-Café-Verhalten.

Die Nachfolger der Kaffeehäuser alten Zuschnitts zeichnen sich oft durch Spezialisierung aus. So bietet ein Café in Stuttgart vorwiegend italienische und französische Produkte wie verschiedene Schinken- und Paste-Sorten, Käse und Salami und einen direkt aus Italien importierten Espresso-Kaffee (Yuppies zeigen für Kaffee nach französischem Gusto weniger Sympathien). Beliebt ist auch ein russisches Frühstück mit Tee, Hering, Blinis, Rote-Bete-Salat und

Wodka. Typisch amerikanisch darf es bei den Yuppies auch sein – mit »Up and down-Eggs«, der amerikanischen Version deutscher Bratkartoffeln, Omlett mit Ahornsirup und dem amerikanischen »Coffee«, den deutsche Kaffeefans geschmacklich zwischen Kathreiner-Malzkaffee und Spülwasser ansiedeln. Die französische Form des Frühstücks mit Blätterteig-Croissants pur ist ebenso gefragt wie die englische mit Ham und Eggs, Toast, Roastbeef und Tea.

Immer mehr in Mode kommt das feine kulinarische Frühstück mit Mozzarella, geräuchertem Lachs, Carpaccio, Gänsebrust, Kaviar und exotischen Früchten. Der Yuppie verlangt von Frühstücks-Cafés auch, daß sie ihr Angebot bis mittags vorhalten – frisch versteht sich.

Was Yuppies zum Frühstück bevorzugen

Zu Hause:

- Frisch gepreßten Zitronensaft
- Verschiedene Sorten Tee zur Auswahl
- Frisch gerösteten Kaffee
- Quark und Joghurt
- Hafer, Weizen, Dinkel und Sesam zum Mahlen für das Müsli (in einen Yuppie-Haushalt gehört eine Getreidemühle mit einem Mahlwerk aus Stein)
- Eingelegte gedörrte Pflaumen, frische Früchte wie Orangen, Grapefruit etc.
- Marmeladen nach Großmutters Rezept

Außer Haus:

- Die bereits unter »zu Hause« aufgeführten Zutaten
- Ein üppiges Frühstücksbuffet, das ständig frisch ergänzt wird
- Frischer Toast
- Rührei
- Frisch gebackene Croissants
- Eine große Auswahl an Marmeladen
- Frisch angemachten Quark
- Omelett
- Mindestens sechs Rohkostzutaten mit Ballaststoffen für das Müsli
- Frisches Obst

DIE HAPPY HOUR

Wenn Yuppies zur Tränke eilen

Der Brauch kommt aus den USA und entwickelte sich dort zum Gastronomie-Renner. Die Rede ist von der Happy Hour. Die »glückliche oder fröhliche Stunde« schlägt an Werktagen nach Büroschluß gegen 17 Uhr und endet kurz vor der üblichen Abendessenszeit.

In New York – vor allem im Geschäftsbezirk von Manhattan – wird zwischen Madison und Fifth sowie auf der Höhe von Central Station und Central Park die Happy Hour besonders intensiv genutzt. Der Brauch entwickelte sich vor allem aus den geografischen Umständen. Kaum jemand, der in den riesigen Büropalästen Manhattans arbeitet, wohnt im Einzugsgebiet dieses Geschäftsviertels. Ein bis zwei Stunden Fahrt zum Arbeitsplatz mit Subway, Zug und Omnibus gelten als Regelfall. Da möchte man vor der langen Heimfahrt gerne noch ein wenig von der Hektik des Tages abspannen. Die Happy Hour macht es möglich – zum Beispiel im berühmten P. J. Clarke's an der Third Ave. Zu ein paar kleinen Appetitanregern werden Getränke wie Bier, Whisky, Gin oder Cocktails getrunken. Die Young Urban Professionals sind es vor allem, die die Tresen bevölkern.

Happy Hour nun auch hierzulande. Die Yuppies machen es möglich. Wichtig dabei: Nur erste Adressen zählen: Harry's New York Bar, Schumann's, die Bars renommierter Hotels und ein paar Insider-Restaurants, die Personal und Räume zusätzlich zu einer Zeit nutzen, die allgemein als »tote Hose« bezeichnet wird.

Der Yuppie weiß auch die Happy Hour für seine erfolgsorientierten Ambitionen zu nutzen. Er sucht sich deshalb Happy-Hour-Treffs, die das Anbahnen von neuen Geschäftsverbindungen mit ziemlicher Sicherheit garantieren. Gehört er der Werbebranche als Angestellter an, wird er sich dort mit seinem Glas in der Hand aufhalten, wo andere Agenturleute verkehren. In der vom Hire-and-Fire-Prinzip besonders stark geprägten Werbebranche ist es eben für die Karriere besonders wichtig, viele Menschen – am besten Agenturbosse – aus der Branche zu kennen.

Ähnliche Sorgen plagen die Aufsteiger aus der Elektronik- und Computerbranche. Auch hier ist nach amerikanischem Vorbild Hire and Fire angesagt. Und es gilt auch, möglichst viele aus der Branche zu kennen.

Auch wenn es kaum ein Yuppie zugibt: Erklärte Intention vieler Yuppies ist es, möglichst dort zu verkehren, wo auch Head-Hunter ihren Happy-Hour-Drink schlürfen. Das Gedränge erlaubt es, schnell ins Gespräch zu kommen, noch dazu, weil oft nur gestanden wird, und zwar mehrreihig. Die Kellner beherrschen das Freihand-Einschenken und agieren dabei nach Augenmaß, aber nicht kleinlich. Beliebt sind Whisky sour und Martini dry. Diese Getränke haben die Yuppies anscheinend ihren Vätern abgeschaut. Auf jeden Fall werden Bars und Restaurants für den Frühabend-Drink geschätzt, deren Personal mit professioneller Vornehmheit serviert, die fast schon einen dressierten Charme vermuten läßt.

Und die Yuppie-Frau? Sie macht keine Ausnahme und verfolgt dieselben Ziele wie ihre männlichen Artgenossen. Wäre nur noch das Liebesleben unter der Umbrella-Funktion Happy Hour zu betrachten. Da zeigt sich schnell, daß es dem Yuppie primär um berufliche Beziehungen und Karriere zur fröhlichen Stunde geht. Zwischenmenschliche Beziehungen werden zu diesen Stunden kaum gepflegt. Frau und Herr Yuppie senden anscheinend zur Happy Hour nicht auf dem amourösen Kanal.

DIE YUPPIE-KÜCHE

Immer bereit für Paul Bocuse

Yuppies geben viel Geld aus, um sich eine funktionelle Küche einzurichten. Sie gleicht eher einem High-Tech-Laboratorium als der üblichen deutschen Küche von Bosch, Alno, Bulthaup oder Poggenpohl.

Zur Zeit gilt die Farbe weiß als besonders attraktiv. Boden und Wände sind mit kleinen, handgeformten Fliesen ausgelegt. Als Wandschmuck dient Getrocknetes aus dem Naturgarten.

Offen gestaltet soll die Küche sein – am besten mit direktem – türlosem – Zugang zum Wohnzimmer. Wenn möglich wird die Küche sogar in den Wohnraum integriert, wobei eine offene Theke als optische Trennung dienen kann.

Während in Amerika und in Japan schon fast in jedem zweiten Haushalt ein Mikrowellengerät steht, tun wir uns immer noch schwer mit dem »Wellenkochen«. Zwar ist die Tendenz steigend, aber erst fünf Prozent der deutschen Hausfrauen und kochbegeisterten Männer benützen Mikrowellenherde. Der Yuppie-Haushalt findet sich selbstverständlich unter den fünf Prozent. Generell gilt: Alles, was die Technik heute zum Kochen und Braten an Geräten anbietet, findet der Besucher einer Yuppie-Küche. Auch die Eismaschine gehört dazu, die auf Knopfdruck Würfeleis für Cocktails, Softdrinks und harte

Getränke wie Whisky produziert. Als Selbstverständlichkeiten gelten Kühlschrank, Gefriertruhe, Mixer, elektrische Saftpresse und Rührwerk. Auch das elektrische Messer darf nicht fehlen.

Bei allen Küchengeräten, die elektronisch gesteuert werden, gehört der technikbegeisterte Yuppie zu den ersten Käufern. In der Küche finden sich auch das kleine portable Fernsehgerät und ein optisch ansprechendes Mini-Radio.

Keine großen Absatzchancen dürfte bei Yuppies die übliche Kaffeemaschine haben. Dafür stehen Espresso-Maschinen hoch im Kurs. Entweder sind sie mit einer Vorrichtung zum Erhitzen der Milch für den Capuccino ausgestattet oder der Yuppie schafft sich dafür ein eigenes Gerät an. Selbstverständlich finden die Geräte nur ihren Platz in der Yuppie-Küche, wenn sie sicher als original italienisch bezeichnet werden können.

Aus Italien kommt auch die Nudelmaschine, um die Gäste mit hausgemachten Spaghetti oder anderen Paste-Gerichten überraschen zu können. Selbstverständlich fehlen in der Küche weder der Holzblock zur Aufnahme verschiedener Zubereitungsmesser noch eine digitale Zeituhr. Yuppies kochen »à la minute«, um zum Beispiel die Tagliatelle »al dente« zubereiten zu können.

Töpfe und Pfannen sind aus Kupfer – eine Farbe, die gut mit dem weißen Ambiente der Küche harmoniert. Bei Tellern und Tassen wird »Haute Couture« vorausgesetzt: dezent in den Farben, schlicht in den Formen und von namhaften Firmen hergestellt.

Und nicht zu vergessen: Auf einem schlichten weißen Brett müssen die Klassiker der Kochkunst mit ihren Werken vertreten sein. Bocuse, Witzigmann, Oliver, Lenôtre, Siebeck. Und dazwischen steht das »Große deutsche Kochbuch«, das bei näherer Betrachtung die größten Abnutzungserscheinungen aufweist. Anspruch und Wirklichkeit klaffen eben beim Hobby-Koch in der Yuppie-Küche oft noch auseinander.

Woran eine Yuppie-Küche zu erkennen ist

- Kupfergeschirr
- Weiße Küche
- Kochbücher von Bocuse, Siebeck, Lenôtre, Elfie Casty und Oliver
- Elektronisch gesteuerte Küchengeräte
- Eismaschine
- Hölzerner Küchenblock zum Einstecken verschiedener Arbeitsmesser
- Italienische Espresso-Maschine

YUPPIELIKE SPEISEN

Wie die zweitbeste Küche zur ersten wurde

Es gibt keinen Zweifel: Italiens Küche ist so beliebt wie nie zuvor. Aber sie ist nicht die beste. Diese Ehre gebührt der französischen. Doch hat die italienische Küche die heute erstbeste kreiert. Das kam so: Als die Florentinerin Katharina von Medici im Jahre 1533 an den französischen Hof nach Paris kam, um den späteren König Heinrich II. zu ehelichen, war sie entsetzt. Es wurde gerülpst, Gabeln waren unbekannt, und was auf den Tisch kam, vergällte der jungen, an italienische Kost gewöhnten Braut nachhaltig den Appetit. Sie traf auf eine Barbarenküche, bei der Völlerei zum Prinzip erhoben war.

Flugs ließ Katharina vom italienischen Hof Köche und Zuckerbäcker nachreisen, die Trüffel, Artischockenböden, Zutaten für Eisspezialitäten, Perlhühner, Paste, Öle, Gewürze, Feigen, Melonen und vieles mehr mitbrachten, um wenigstens für kurze Zeit den gastronomischen Notstand am französischen Hof zu lindern. Die italienische Braut bemühte sich derweil, den adeligen Franzosen Tischmanieren und Verständnis für gute Küche beizubringen. Mit Erfolg.

Die französische Küche wird heute von anerkannten Gourmets vor der italienischen eingestuft. Doch den italienischen Einfluß kann sie nicht verleugnen.

Perlhühner werden noch heute in französischen Restaurants als Pitade à la Medici zubereitet.

Bei den Yuppies genießt die italienische Küche zur Zeit einen höheren Stellenwert als die französische, obwohl eine starke frankophile gastronomische Begeisterung durchaus zu registrieren ist. Als große Renner unter den Vorspeisen behaupten sich schon seit Jahren Mozzarella mit Tomaten und Basilikum, Carpaccio (hauchdünn geschnittenes Fleisch), das neuerdings auch vom Lachs sein kann, und Scampi (aber nicht die fürchterlich geeisten und mit Chemiesauce gereichten).

Trotz strikter Orientierung an den Vorgaben für die ideale Körperfigur sind Paste-Gerichte sehr beliebt – in kleinen Mengen und die besseren Verwandten der Spaghetti. Solche Paste-Gerichte eignen sich auch gut, um sie zu Hause schnell, aber mit raffinierten Zutaten den Gästen vorzusetzen. Selbst männliche Yuppies beherrschen heute die Kunst, kulinarisch hochstehende Paste-Gerichte zuzubereiten. Zum Beispiel Agnolotti (kleine Ravioli), Tagliatelle, Tortellini, Pappardelle und Fettuccine.

Die Mentalität der Yuppies verlangt, sich nicht einengen zu lassen – auch nicht kulinarisch. Beliebt sind deshalb auch noch eine Vielzahl anderer Gerichte. Zum Beispiel aus der französischen Küche Coquilles Saint-Jacques (ein Modegericht, das auch bei Schicki-Mickis besonders ankommt), Coq au vin, Hühner aus der Bresse, Zwiebelkuchen, aber auch Blini, Austern, Züricher Geschnetzeltes, Wildwasserlachs aus Irland, Gefüllte Crêpes (zum Beispiel mit Kalbsbries und Langustinen) Stubenkükken, Perlhuhnbrust und pochierter Mittelmeerfisch oder Lachs.

Viele Pluspunkte erzielte in letzter Zeit die Küche Asiens, wobei die Japans und Chinas als große Gewinner gelten. Es gilt heute als schick, Sushi (Reis mit Essig und Zucker, der mit verschiedenen Arten von rohem Fisch belegt wird), Tempura (Meerestiere und Gemüse in Teig ausgebacken) und Kakitamajiru (Eierblumensuppe) aus der japanischen Küche zu kosten. Sogar den bei Europäern so berüchtigten rohen Fisch (Sashimi) bestellen Yuppies in japanischen Restaurants, wobei der Wille, sich als »kulinarisch in« bei Freunden zu profilieren, einen Appetitzwang ausüben muß.

Bei der chinesischen Küche hat die neue Aufsteigergeneration längst erkannt, daß das, was heute unter »chinesisch« hierzulande angeboten wird, mit Originalität wenig zu tun hat. Hongkong- oder Taiwan-Fahrer verbreiten immer wieder die Kunde vom wahren chinesischen Essen und enttarnen die berühmte Frühlingsrolle als unchinesisch.

Yuppies wissen, daß die Chinesen die Suppe zum Schluß einer Mahlzeit löffeln und das bekannte Chop-soy eine amerikanische Erfindung ist. Sie wissen auch, daß die Szetschuan-Küche geschmacklich schärfer ist als die Kantons und die Pekings besonderen Wert auf zartes Aroma legt.

Der chinesische Kochtopf Wok gehört heute fast schon zum obligatorischen Hochzeitsgeschenk für Yuppies. Besonders beliebt sind zur Zeit Peking-

Enten, die aber vom Kenner nur akzeptiert werden, wenn der chinesische Gastronom Vorbestellung verlangt.

Lachs, der nimmermüde Wanderer zwischen Meer und Strom, wird immer noch gerne gegessen – vor allem zu Hause, wenn Gäste geladen sind. Unterschiedliche Herkunftsbereiche ergeben bekanntlich unterschiedliche Qualitätsabstufungen. Bei Yuppies scheint die Lachsart »Salmon Salar«, die im Atlantik, vor den Küsten Norwegens, Schottlands, Irlands und Neufundlands gefangen wird, begehrt zu sein. Auch die Arten »Silver« und »Red King« sind bekannt.

Nicht nur der Geschmack, sondern sicher auch die Wertschätzung von körperlichem Wohlbefinden, das auf Gesundheit und Schlankheit beruht, hat bei Yuppies die Liebe zu Fischgerichten geweckt: Lotte (Seeteufel), Steinbutt, Seezunge, Loup de mer, und als Süßwasserfische Zander und Schleie. Als Geheimtip gilt der einheimische Waller.

In das Yuppie-Bild paßt auch die Akzeptanz von fast allem, was aus der Salatküche kommt, wobei die Zutaten immer mehr in den Hintergrund treten. Deshalb schwimmen auch Salat Niçoise und der berühmt-berüchtigte Chef-Salat mit Schinken, Ei und viel Majonnaise nicht mehr so dominant auf der Popularitätswelle.

Trotz kalorienbewußten Speisens sind Desserts immer noch en vogue. So vor allem Tirami su, eine italienische Nachspeise aus einem speziellen Frischkäse, dem Mascarpone. Außerdem Zabaione (Marsala-Wein mit Eiern und Zucker), Speiseeis vom Feinsten, lauwarmer Birnenkuchen, warmer Topfenstrudel, Parfaits, Sorbets, Mousse au chocolat, Crêpes und Käse – deutscher, französischer und italienischer.

YUPPIELIKE TRINKEN

Wo bleibt der Puschkin-Mann?

Noch vor ein paar Jahren konnten die Werbestrategen der Spirituosen-Industrie Aufsteiger, dynamische Jungmanager und generell alle, die ihren Erfolg auch nach außen sichtbar machen wollten, mit Botschaften locken, die den »harten Mann« in Verbindung mit harten Getränken brachten. Das Wohlergehen der Leber blieb außen vor. Das weibliche Geschlecht mußte werbemäßig gar nicht groß umworben werden, denn das war auf Jahre schon »imagegesättigt«: Frauen und Eierlikör.

Der Geschmack hat sich gewandelt, und die Yuppies lassen sich nicht mehr mit »on the rocks« locken und beim Trinken als »harte Männer« bezeichnen. Die Eggheads der Werbeagenturen sitzen mit rauchenden Köpfen herum und finden keine griffigen Konzepte für ihre Auftraggeber.

Yuppielike trinken heißt heute, sich in keine Schablonen pressen zu lassen – mit Ausnahme von einer: Qualität muß es sein, und einen renommierten Namen soll das Getränk tragen. Das beginnt schon beim Bier. Nur die Münchner machen da im Sommer eine Ausnahme, wenn sie sich zu Tausenden in den Biergärten treffen. Da zählt dann Atmosphäre und auch ein klein wenig der Name – des Biergartens versteht sich.

Anders beim regelmäßigen Bierkonsum. Der echte Yuppie unterscheidet Qualität und Marken. Man trinkt Andechser Klosterbier oder den Gerstensaft einer anderen namhaften Brauerei, wobei die Größe des Unternehmens sekundär zu sein scheint. Jede Region hat ihre eigene Status-Brauerei, die sich vor allem durch Qualität ihr Image aufgebaut hat. Übrigens gilt Weizenbier, das jetzt auch den Norden Deutschlands erobert hat, seit einiger Zeit als besonders »in«.

Weißwein scheint zur Zeit einen hohen Stellenwert in Yuppiekreisen zu genießen. Besonders die italienischen Weine sind beliebt: Soave, Verdicchio, Nuragus di Cagliari Parteolla aus Sardinien, Orvieto secco und Favorita Fiorino aus dem Piemont. Bei den deutschen Weinen sind es Bocksbeutelabfüllungen renommierter Lagen wie Würzburger Stein, die ankommen. Was die französischen Weine betrifft, stehen die weißen in der Gunst der Yuppies etwas im Schatten der roten Weine. Trotzdem gibt es rund ein Dutzend sehr gefragter Lagen wie Poully-Fuissé, Sancerre, Chablis, Sauvignon de Bordeaux und Entre-Deux-Mers, um nur einige zu nennen.

Bei den Rotweinen scheinen die Franzosen in der Etablierten-Etage zu dominieren: Châteauneuf-du-Pape, Pomerol, Saint Emilion, Côte de Nuits etc. Aber auch italienische Rotweine wie zum Beispiel Barolo, Barbaresco, Chianti classico sind gefragt. Im Kommen sind die spanischen Rotweine – hauptsächlich die aus dem Rioja-Gebiet – wie Gran Coronas Reserva Rioja, Viño Ardanza, Gran Viño Sol, Campo Viejo, Viño Tondonia und Marques de Caceres. Gelegentlich wird auch ein kalifornischer Rotwein aus dem Napa Valley getrunken.

Die Liköre haben es in letzter Zeit geschafft, das Image des »Damenschnäpschens« abzulegen. Heute darf auch »er« die süffigen Gemische aus Trinkbranntwein, Zucker und aromatischen Zutaten wie Fruchtsaft, Kräutern, Kakao und anderem trinken und muß sich nicht mehr an Whisky und Wodka halten, um als Mann zu gelten. Klassiker wie Cointreau und Grand Marnier sind bei ihm und bei ihr gefragt, aber auch Aufsteiger wie Amaretto die Saronne Originale oder Nobelmarken wie Bailey Original Irish Cream oder aus den Tropen der Pisang Ambon. Ebenso beliebt ist der Drambui, eine Kombination von altem Scotch-Whisky, ausgewählten Highland-Kräutern und schottischem Heidehonig. Was wäre für den Yuppie auch ein Singapore Sling, der eben nur echt ist mit einem Benedictine D.O.M., oder ein Mai Tai, zu dem der Cointreau gehört.

Softdrinks sind heute mehr denn je gefragt. Das mag einerseits mit einem sich verfestigenden Bewußtsein für Gesundheit zu tun haben und andererseits mit dem Trend, mehr Bars, insbesondere während der »Happy Hour«, aufzusuchen – ein Brauch, der insbesondere im New Yorker Manhattan schon seit Jahrzehnten gepflegt wird.

Kaum ein Yuppie, der heute noch zum Mittagessen Alkohol trinkt. Wasser ist gefragt – zum Leidwesen der Gastronomie, die früher insbesondere beim »Business Lunch« höhere Umsätze mit Wein machen konnte. Ein Perrier oder ein Peligrino sollte es sein – eine Nobelmarke eben auch beim Wasser.

Yuppies neigen zum Digestif mit dem Kaffee – wenn es teuer sein muß zum Bas-Armagnac 1888 oder zum Cognac Grande Champagne. Klassisch sind Cognac, Calvados und Armagnac. Nur wenige Yuppies, die sich ein schlichtes Kirschwasser mit dem Namen einer deutschen Landschaft bestellen.

Das Leben ist dem Yuppie zu kurz, um ein schlechtes Bier zu trinken. Das trifft sinngemäß auch für Weine zu. Zugegeben: Viele gekonnt gepanschte Weine würde auch ein Kenner noch heute für echte halten, auch wenn er behauptet, schon immer gewußt zu haben, daß so preiswerte Kreszenzen nie eine Beerenauslese sein könnten. Mit der Schwierigkeit des Unterscheidungsprozesses steht der Yuppie allerdings nicht allein. Er kann auf prominente Mit-Ahnungslose verweisen. Einer der bekanntesten Kellermeister Frankens hat zugegeben, daß er und viele seiner Kollegen auch die preiswerten Beerenauslesen kauften, die sich nachher als Glykol-Weine herausstellten.

Der Yuppie versucht, solche Reinfälle durch Marken und Qualität zu umgehen und nicht den Preis in den Vordergrund zu stellen.

Selbstverständlich trinkt der Yuppie seinen »Schampäin«: Krug, Bollinger, Veuve Clicquot, Gauthier, Pol Roger, Mumm, Piper Heidsick, Taittinger, Louis Roederer, Veuve Rothschild und Deutz et Geldermann.

DIE EDEL-MÜSLI-TYPEN

Ein bißchen Bio darf es schon sein

Verabreden Sie sich mittags mit einem Yuppie zum Lunch, und Sie können darauf wetten, daß er als Getränk Mineralwasser bestellt – Perrier in der Regel. Gelegentlich auch Pelegrino. Die deutschen Mineralwässer scheinen bei ihm weniger in der Optik zu sein. Sicher zu Unrecht, aber wer dokumentiert nicht gerne seine internationale Erfahrung. Der Yuppie an vorderster Front.

Nach den vorliegenden Statistiken repräsentieren heute Mineral- und Heilwässer rund 25 Prozent des Marktes für alkoholfreie Getränke. Der Verbrauch von Süßstoff hat sich in den letzten 20 Jahren in etwa versiebenfacht, dagegen blieb der Konsum von Zukker fast konstant. Insbesondere die Yuppie-Frau greift beim Kaffeeklatsch gerne in ihr Gucci-Täschchen, um das Döschen mit Süßstoff zu suchen.

Wenn heute die in der »Neuform Vereinigung Deutscher Reformhäuser« zusammengeschlossenen etwa 2700 Reformhäuser und Reformwarenhäuser eine Umsatzsteigerung von 1975 bis 1985 von mehr als 70 Prozent ausweisen können, dann sollten sie dafür auch den Yuppies danken, die sich immer stärker auf einem Bio-Trip befinden, der ja auch von den Reformhäusern getragen wird. Damit setzt sich die neue etablierte Generation auch vom Durchschnitt der Bundesbürger ab, dem laut Gesundheitsbericht der Bundesregierung folgendes attestiert wird:

30 Prozent haben Übergewicht. Die tägliche Energiezufuhr beträgt bei einem erwachsenen Bundesbürger ca. 3160 kcal. Damit werden rund 760 kcal mehr aufgenommen als die empfohlene Energiemenge von 2400 kcal. Etwa jeder dritte Bürger stirbt an einer ernährungsbedingten Krankheit.

Erstaunliches läßt sich aus der Statistik ableiten: Kalorienbewußtes Leben ist offenbar mehr Sache der Frau. Dem Statement »Hauptsache ist, daß das Essen schmeckt, Kalorien spielen keine Rolle« stimmen Männer zu 62 Prozent zu. Der Prozentsatz der Frauen liegt weit darunter. Das erklärt sicher auch die Feststellung, daß Frauen viel häufiger ihr Körpergewicht überprüfen als Männer. Übrigens rekrutieren sich 35 Prozent der »Gewichtsprüfer« aus der Altersgruppe der 30- bis 50jährigen. Die müssen für die Sünden früherer Jahre büßen.

Wer die Statistiken über den Gebrauch von Personenwaagen mit den demographischen Zahlen der Bevölkerung vergleicht, der wird schnell feststellen: Die Yuppies haben ein besonders enges Verhältnis zur Waage. Am liebsten würden sie ein Nostalgie-Instrument in ihr Badezimmer stellen, wie es früher auf Jahrmärkten und in Apotheken zu finden war. Aber es gibt auch eine große Zielgruppe für elektronische Waagen. Vielleicht deshalb, weil diese genauere Gewichtsangaben bieten. Damit kann sogar das Wiegen nach dem Gang zum stillen Örtchen ein Erfolgserlebnis bringen.

Ist nun der Yuppie ein Müsli-Typ? Sicher nicht, wenn das bekannte Raster zugrunde gelegt wird.

Yuppies lieben gutes Essen und Trinken. Sie wissen aber auch, welche gesundheitlichen Gefahren in falscher Ernährung liegen. Und: Zu ihrem Auftreten und ihrem Selbstverständnis gehört es, schlank zu sein. Ein Yuppie mit Bauch würde einem Windhund mit Elefantenohren gleichkommen.

Yuppies lassen sich wohl am besten mit »Edel-Müsli-Typ« bezeichnen. Von allem, was uns heute die Bio-Welle bietet, wählen sie nach zwei Kriterien aus. Erstes Kriterium: Was muß ich wirklich essen und trinken, um gesund, schlank und fit zu bleiben? Zweites Kriterium: Was entspricht meiner Devise: Das Leben ist zu kurz, um schlecht zu essen und zu trinken?

Immerhin trägt die Yuppie-Generation wesentlich die zur Zeit zu beobachtende »Edel-Freß-Welle«. Die Bio-Produkte müssen also in die Voraussetzungen für gutes Essen und Trinken integrierbar sein. Deshalb würde sich der Yuppie am liebsten auch seine Bio-Produkte in renommierten Feinkosthäusern besorgen. Der Gang in den »Grünen Korb«, in den »Erdengarten« oder in das »Natur-Lädle« ist ihm zuwider. Armani-, Boss- oder Lacoste-gewandet zwischen einer Kundschaft in Holzsandalen, handgestrickten Wollsocken und südamerikanischen Ponchos zu stehen und die Bio-Produkte in einer Gucci-Tasche anstatt im üblichen Jute-Beutel aus dem Laden zu tragen, läßt den Yuppie in den Bio-Geschäften etwas deplaciert erscheinen.

Am meisten ärgert ihn das oft lange Warten, weil eine müsli-orientierte Verkäuferin mit einer ebenfalls müsli-orientierten Kundin zehn Minuten über den Nährwert von Dinkel diskutiert und anschließend noch Erfahrungen beim Stricken mit Wolle aus Nicaragua austauschen möchte. Der in Zeitmanagement geschulte Yuppie leidet dann seine Bio-Qualen. Doch steht er tapfer den für ihn unangenehmen Einkaufstrip durch und regeneriert sich wenn möglich anschließend vom Bio-Einkaufsstreß in einer der immer zahlreicher werdenden Gourmetkneipen, dem Edelprodukt der alten Stehkneipe, bei Carpaccio, einem Teller Mozzarella mit Tomaten und Basilikum oder einem halben Dutzend Austern.

Was Yuppies an der Gesundheitswelle schätzen

- Mineralwässer mit klingenden Namen wie Perrier oder Pelegrino
- Joghurts aus Milch von biologisch-dynamisch bewirtschafteten Höfen
- Biologisch angebautes Getreide für das »Müsli« und für den selbstgebackenen Kuchen (eine Mühle mit Stein-Mahlwerk ist im Haushalt vorhanden)
- Salate und Gartenfrüchte aus biologisch kontrollierten Anbaugebieten
- Fertigmüsli – allerdings nur für den Fall, daß zeitliche Zwänge das »selbstgemachte« Müsli verhindern
- Bio-Marmeladen nach Großmutters Rezepten
- Fruchtsäfte aus biologisch kontrollierten Anbaugebieten

DAS KOMPLIZIERTE YUPPIE-DU

Den Knigge vergewaltigen

So einfach, wie es ein deutscher Schlager vorschlägt, geht es bei den Yuppies nicht. »Du, sag' doch einfach du zu mir« bleibt vorerst Wunschvorstellung. Wollen und Können klaffen noch weit auseinander. Sicher nicht mehr so weit, wie es uns über Jahrhunderte gelehrt wurde, aber immerhin. Historisch Gewachsenes stürzt auch die neue dynamische Generation nicht so leicht vom Sockel. Aber: Immer mehr sind zwei Lager auszumachen.

So teilt sich die Welt hierzulande zur Zeit in konsequente Duzer und überzeugte Siezer. Dazwischen liegt die Mischform des Yuppie-Dus.

Als peinlich wird in den Kreisen der Etablierten das spontane Du eines Handwerkers empfunden, aber als Statussymbol das Du des Prominentenwirts, des Türstehers einer »In«-Disco oder des Modefriseurs. Diese Kategorie von Dienstleistern ist in der Lage, mit zwei Buchstaben ein Klassensystem zu schaffen, das tiefe Gräben aufreißt – wenigstens in der Meinung der Betroffenen. Es geht immerhin darum, dazuzugehören oder nicht. Dicke Scheckbücher, teure Wagen, beruflicher Erfolg und glänzende Titel zählen auf diesen Marktplätzen der Eitelkeit nicht. Der Klassenaufstieg oder gar der Klassenerhalt erfolgt über das simple »Du«.

Auch wenn sich die Werbung immer wieder des »Du« bedient – »Nogger Dir einen« –, so vollzieht sich das gesellschaftliche Florettfechten mit der Anrede doch noch auf subtilere Weise – jedenfalls nicht auf die als wenig fein geltende von ausländischen Hilfskräften: »Du, Frau Maier, du mußt mir neues Putzmittel kaufen.«

Im Rahmen der sich zur Zeit anbahnenden Revolution bei den Anredeformen kommt das »Müsli-Du« in die Optik. Gemeint ist der vertrauliche Umgangston unter den Anhängern von Rohkost, Bio-Socken, handgestrickten Unterhosen und Gesundheitssandalen. Obwohl den Yuppies eine gewisse Affinität zur Biobewegung nicht abzusprechen ist – allerdings mehr im Hinblick auf Trendanpassung, schlanke Linie und eigene Gesundheit –, empfinden sie das Müsli-Du, mit dem sie gelegentlich beim Einkauf in Bio-Läden konfrontiert werden, eher als lästig.

Der Yuppie parliert lieber in einer gekünstelten Mischform. Da bittet die Hausherrin den Partygast »Richard, würden Sie bitte das Eis reichen«, und umgeht damit das für sie oft kompliziert und peinlich wirkende Anbieten des Du nach alter Schule. Mit diesem Soft-Trick läßt sich langsam auf ein echtes Du übergehen oder ohne Gesichtsverlust der Rückzug auf das förmliche Sie realisieren.

Dieses Annäherungs-Du kommt selbstverständlich besonders Männern entgegen, in deren Beziehungen zum weiblichen Geschlecht der Übergang vom Sie zum Du sehr förmlichen gesellschaftlichen Riten unterworfen ist: »Ursula, darf ich Ihnen meinen Weinkeller zeigen?«

Männer untereinander pflegen schon lange ein Quasi-Du – so zum Beispiel im Betrieb: »Meier kommt wieder einmal zu spät in die Konferenz.« Oder beim Doppel im Tennis: »Müller, wo bleibt die Konzentration?« Frauen pflegen in solchen Situationen einen anderen Umgangston – entweder im Du oder im Sie –, wobei im Streit das Du mit gekoppeltem Vornamen meist überwiegt. Sind Frauen allerdings nicht mehr unter sich, dann gilt das komplizierte Yuppie-Du.

DER YUPPIE IM URLAUB

Einmal Club muß es sein

Der Yuppie betont es immer wieder: Er fühlt sich als Individualist und möchte sich deshalb nicht eingeengt wissen. Wenn es allerdings um den Sommerurlaub geht, dann läßt er sich doch etwas in ein Korsett pressen. Nicht als Mitglied einer Reisegruppe, dessen Führer mit hochgehaltenem Fähnchen von Sehenswürdigkeit zu Sehenswürdigkeit zieht, sondern als Edelurlauber, um dessen Wohlergehen sich bezahlte Animateure kümmern. Sie nehmen ihm die Entscheidung ab, ob er faul am Strand liegen oder sich sportlich betätigen soll. Auch das Abendvergnügen wird von diesen professionellen Unterhaltern gestaltet – oft unter Einbezug der Gäste.

Die Rede ist vom Cluburlaub, der von Yuppies besonders geschätzt wird. Wer sich mehr unter internationaler zusammengesetzten Miturlaubern wohlfühlt, der wird die Clubdörfer des Club Mediterranée bevorzugen, die auch die für konservative Deutsche als Lässigkeit bezeichnete Lebensweise der Franzosen widerspiegeln. Mehr an deutschen Prinzipien orientiert sich der Robinson-Club, der in seiner Gästestruktur germanisch dominiert und immer beliebter wird.

Yuppies sind oft Stammgäste in Clubs. Sie fahren »zu Rolf« oder »zu Tonino«, wobei die Nennung der Vornamen von Clubchefs Freundschaft und bevorzugten Service signalisieren sollen. In den Clubs gilt das Du als Standardanrede.

Yuppies verreisen mehrmals im Jahr. Ihr Urlaub beschränkt sich deshalb nicht nur auf Clubs. Einmal abgesehen von den Winterurlauben, die als obligatorisch eingeplant sind (siehe »Yuppies und der Wintersport«), genießen Kurzreisen einen hohen Stellenwert.

Der Yuppie-Urlaub ist in mehrere Segmente aufgespalten, die über das Jahr verteilt sind, wobei ein Winterurlaub als »Muß« eingeplant wird:

- Cluburlaub in den Sommerferien
- Kurzurlaub um die Pfingstzeit in einem sonnensicheren Land
- Städtereise im Frühjahr
- Im Herbst Wochenend-Törggelen in Südtirol oder kulinarische Wochenendreise zu einem der Sternköche in das Elsaß oder in eine andere grenznahe französische Region. Seit einigen Jahren wird für die Kombination aus Erholung und kulinarischen Höhepunkten auch gerne die Toskana gewählt.
- Skifit- oder Wedelwoche vor Weihnachten
- Einwöchiger Skiurlaub im Februar/März

FLUGREISEN

Das Höchste wäre eine »Hon-Karte«

Natürlich wird in den Urlaub mit Charter geflogen. Aus Kostengründen. Unbequemlichkeiten wie enge Sitzplätze, Massenabfertigung am Schalter und oft sehr frühe Abflugzeiten lassen sich in Gesprächen mit Freunden schnell wegdiskutieren: »Der kurze Flug. Was soll's.« Und: »Bei dem Preis. Da kann man wirklich keine Ansprüche stellen.«

Gar nicht erst zum Gesprächsstoff wird die Chartergesellschaft. Imagepunkte lassen sich mit diesen »Exoten« nicht gewinnen. Und wenn wirklich die Rede darauf kommt, dann weiß der Yuppie, wie er mit der Antwort noch an Ansehen gewinnen kann: »Hab' ich vergessen. Runter kommen die ja immer. Nur fragt sich eben wie. Unsere Maschine war so ein richtiger Seelenverkäufer, und der Pilot hat die Maschine derart brutal auf die Piste knallen lassen, daß ich mir mit den Knien beinahe die Zähne ausgeschlagen hätte. Da freut man sich wieder, mit Lufthansa oder Swissair fliegen zu können.«

Eine ganz andere Einstellung zum Fliegen zeigen die Yuppies bei Reisen mit Linienmaschinen. Da werden die Marken der Gesellschaften zu Imagefaktoren. Stundenlang wird bei Partys über die Vor- und Nachteile bestimmter Luftfahrtunternehmen diskutiert. Auch die Kalauer mit den Abkürzungen der Gesellschaften lassen sich immer wieder aufwärmen: Für die Pakistanische Gesellschaft PIA gilt »Please inform Allah«, für Lufthansa »Let us find the hostess and never see again«, Air France bietet eine »Air Chance«, SAS »Sex after service«, die chilenische LAN »Liebe am Nachmittag« und die österreichische AUA »Aussteigen – Umsteigen – Autobus«. TWA hat eine »Terrific woman abroad«, und bei der portugiesischen TAP soll gelten: »Take another plane.«

Viele Yuppies ereifern sich über das Monopol der Lufthansa, loben aber gleichzeitig die Gesellschaft mit dem Kranich als Markenzeichen wegen ihrer Pünktlichkeit. Gerne angeprangert werden die »Lunch-Beutel«, und da speziell die laschen Brötchen – auch »Gummi-« oder »Plastikbrötchen« genannt.

Wenn es um Auslandsflugreisen geht, dann ist die Lufthansa »selbstverständlich Spitze«. Allerdings muß sich der deutsche Airliner (übrigens ein beliebtes Yuppie-Wort) Kritik im Inland gefallen lassen. Sehr oft unbegründet. Aber es ist eben »in«, über die berühmte deutsche Fluglinie zu lästern. Das Blatt wendet sich allerdings schnell, wenn eine Stewardeß die Partygesellschaft bereichert. Der Mann an ihrer Seite genießt mehr Ansehen mit einer Lufthansa-Dame als mit ihrer Kollegin von einer Chartergesellschaft oder auch von British Airways oder einem amerikanischen Airliner. Besonders den US-Gesellschaften haftet das Image an, zuviel »Oldies« und bei jüngeren Jahrgängen solche Damen zu beschäftigen, deren Sex-Appeal gerne als »Neutrum« bezeichnet wird. Hohe Imagewerte verzeichnen dagegen die weiblichen Luftdienerinnen der Air France und vieler asiatischer Gesellschaften wie Singapore Airlines, Cathay Pacific (kommt aus Hongkong) und Thai Airlines. Japan Airlines gilt zwar als erstklassig, was den Service betrifft, kann aber mit seinen Stewardessen wenigstens äußerlich nicht mit der Konkurrenz von Singapore Airlines & Co. konkurrieren.

Erlebnisse mit und um Flugreisen im Linienverkehr vermeiden auf vielen Partys und bei Gesellschaften oft die Peinlichkeit, sich eigentlich nichts zu sagen zu haben. Fast jeder Yuppie ist schon einmal »knapp dem Absturz entgangen« und bei Nebel umgeleitet und stundenlang mit dem Bus durch die Landschaft kutschiert worden. Auch ist er mit ziemlicher Sicherheit schon mit einem »Seelenverkäufer« geflogen und hat selbst die Risse in der Bordwand gesehen, die nur notdürftig verschweißt und mit Farbe überpinselt waren.

Der Yuppie und das Fliegen, dieses Kapitel bietet aber noch ein besonderes Exerzierfeld der Eitelkeit und der Imagehascherei. Die Rede ist von den VIP-Karten, die Fluggesellschaften an besonders treue Kunden ausgeben. Ein Aktenkoffer mit einem in Leder gefaßten Anhänger, in dem deutlich die VIP-Karte zu sehen ist, wertet seinen Besitzer auf. Die kleinen Plastikkarten bieten neben Imagegewinn zusätzliche Vorteile – zum Beispiel eine Priorität auf Wartelisten. Es ist für einen Yuppie schon ein erhabenes Gefühl, mit Freunden oder Kollegen bei einem Flug auf einer Warteliste zu stehen und beim

Abruf der Warteliste ein »o.K.« für den Flug zu bekommen, während die anderen auf den nächsten Flug warten müssen. Die tröstenden Worte an die »stehengebliebenen« Freunde oder Kollegen: »Tut mir leid, aber die VIP-Karte ist persönlich auf mich ausgestellt.«

Ein weiteres Plus der geschätzten Plastikausweise: Sie berechtigen zum Besuch der VIP-Lounges auf nationalen und internationalen Flughäfen mit kostenlosem Getränkeservice und bequemen Sitzgarnituren. Einem Mitreisenden anzubieten, ihn in die VIP-Lounge mitzunehmen, wertet den Yuppie mit VIP-Karte auf. Aber es gibt auch ein VIP-Klassensystem bei Fluggesellschaften, das es zu beachten gilt. Nehmen wir die Lufthansa. Sie bietet Oft-Fliegern die gelbe FT-Karte (Frequent Traveller) und prominenten Kunden sowie solchen, die für mehr als 60000 Mark persönlich oder 200000 Mark mit ihrer Firma pro Jahr mit der deutschen Renommierlinie fliegen, die »Hon-Karte«, die bei Wartelisten ihrem Besitzer eine Priorität vor den FT-Karten-Besitzern einräumt sowie den Aufenthalt in der Erster-Klasse-Lounge der Lufthansa auf den deutschen und vielen internationalen Flughäfen, dazu auch in First-Class-Lounges anderer Gesellschaften, vorwiegend im Ausland.

Wie die Lufthansa bieten auch die anderen Fluggesellschaften einen VIP-Service. Bei der Swissair nennt er sich »ST-Club« für Swissair Travel Club und bei der Air France »Service Plus«. Mancher Yuppie, den die Fluggesellschaften nicht als Privilegierten anerkennen, tröstet sich mit der Intreco-Lounge, die auf dem Frankfurter Flughafen eingerichtet ist. Sie bietet einen ruhigen Aufenthalt abseits des Abflughallen-Getümmels und kostenlose Getränke. Voraussetzung ist die Mitgliedschaft im Diners Club. Aber: Es gibt in Deutschland einige tausend Besitzer von Diners-Club-Karten, was zur Erosion des Images beiträgt. Doch in der Not akzeptiert ein Yuppie auch den kleinstmöglichen Nenner, auf dem sich Ansehen parken läßt.

Yuppies fliegen gerne mit

- Singapore Airlines
  (wegen der hübschen Stewardessen, dem freundlichen Service und der günstigen Preise. Die Gesellschaft ist nicht IATA-Mitglied.)
- Lufthansa
  (im internationalen und vor allem im interkontinentalen Verkehr wegen der Zuverlässigkeit und dem Image bei Geschäftspartnern)
- Swissair
  (hier zählen das Image bei Geschäftspartnern, die Zuverlässigkeit und der gute Service)
- Air France
  (vor allem wegen des klingenden Namens und des guten Essens)
- Korean Airlines
  (wenn es darum geht, möglichst weit für wenig Geld zu fliegen)

Yuppies mögen beim Fliegen nicht

- die Kaugummi-Brötchen aus vielen Verpflegungsbeuteln
- zu enge Bestuhlung in den Flugzeugen (Holzkisten-Klasse genannt)
- zuwenig Zeitungen und Zeitschriften in den Flugzeugen
- Flughäfen ohne besonderen Komfort wie München, Mailand und Heathrow in London
- Einheitskost vom Plastikgeschirr
- Flüge, die bereits vor acht Uhr starten (solche Flugzeuge werden »Arbeiterdüse« genannt)
- viele amerikanische Fluglinien wegen ihres Mini-Services und der vielen »Oldies« unter den Stewardessen
- Inlandsmonopole von Fluggesellschaften, wenn dadurch der Service leidet

YUPPIES IM HOTEL

Zwischen Romantik und Prestige

Die Rede ist hier vom Yuppie als Geschäftsmann, der seine Nächte auf Reisen im Hotel verbringt. Wer diese Szene beobachtet, wird schnell feststellen, daß ein einheitlicher Trend nicht auszumachen ist.

Es ist nun einmal yuppielike, sich aus der breiten Masse abzuheben. Die großen Hotelketten haben das erkannt und versuchen, eine bestimmte Klientel mit besonderem Service zu ködern. Die Rede ist von den einzelnen VIP-Karten, die unterschiedliche Vorteile bieten. Allgemein üblich: Bei Reservierungen werden Karteninhaber bevorzugt behandelt. Das gereicht dann zum Vorteil, wenn Hotelbetten wegen Messen, Kongressen, Sportveranstaltungen oder großen Festen knapp sind. Es macht sich eben gut, zu Kollegen oder Freunden sagen zu können: »Mit meiner Karte bekomme ich bestimmt ein Zimmer.«

Einige Hotelketten gewähren Karteninhabern die Möglichkeit, an Wochenenden mitreisende Frauen oder Freundinnen zu besonderen Konditionen oder gar kostenlos übernachten zu lassen. Auch ein Spezialservice mit besonderem Empfangsschalter, Rechnungsstellung an die Heimatadresse und mehr oder weniger großem Obstkorb auf dem Zimmer ist mit verschiedenen VIP-Karten wie der der Hilton-Kette gekoppelt.

Der Yuppie badet gerne in den Annehmlichkeiten

des Sonderservice. Sein wahres Herz aber schlägt nicht für seelenlose Hotels großer Ketten, deren Zimmer einheitlich konzipiert sind.

Nein, der Yuppie liebt gut gepflegte kleine Hotels mit ganz persönlichem Service. Nur: Dort fehlt ihm der VIP-Service. Es handelt sich vor allem um den Typ Hotel garni, wie er aus dem Zeitalter der Postkutschen bekannt ist, aber heute eben noble Züge trägt. Als Beispiele dafür gelten das Garden Hotel in Hamburg, das Preysing in München, Der kleine Prinz in Baden-Baden, Hotel Meineke in Berlin und in Hamburg noch das Hanseatic und das Strandhotel. Noblesse oblige ohne Prunk und Protz also.

Auch Romantik- und Schloßhotels haben es der Aufsteigergeneration angetan: Schloßhotel Kronberg im Taunus, Hotel Axelmannstein in Bad Reichenhall, Schloßhotel Gerhus und Schloßhotel Tremsbüttel – um nur einige zu nennen.

Der Yuppie wäre kein Yuppie, wenn er nicht (meist auf Geschäftskosten) in berühmten Hotels absteigen würde, um damit auch in besten Kreisen mitreden zu können. Deshalb stehen auf seiner Wunschliste folgende Nobelhotels: Hotel Savoy in London, das 1889 zur Blütezeit des Viktorianischen Zeitalters eröffnet wurde, ebenfalls in London das Inn on the Park, das Mandarin in Hongkong, das George V. in Paris, das Grand Hotel in Stockholm, das Hotel Vier Jahreszeiten in Hamburg und in München, das Hotel Okura in Tokio, das Oriental in Bangkok und in New York die beiden Nobelherbergen Hemsley Palace und Pierre.

YUPPIES UND DER WINTERSPORT

Heli-Skiing muß sein

Willy Bogner, Ex-Skirennläufer und Herr über die berühmte Skibekleidungsfirma Bogner, ahnte sicher nicht, daß sein Skifilm »Feuer und Eis« die besten Chancen hat, zum Kultfilm zu werden – bei den Yuppies. Der Skisport gehört zu den beliebtesten Freizeitaktivitäten der Aufsteigergeneration. Und damit sind auch ein, gelegentlich sogar zwei Wintersporturlaube pro Jahr fest eingeplant.

Den Fremdenverkehrsmanagern berühmter Wintersportorte kam die Yuppie-Welle gerade recht. Standen sie doch vor dem Problem, Zielgruppen für ihre immer teurer werdenden Angebote an Hotels, Restaurants und Lifts zu finden. Dem Massentourismus wollten sie sich nicht opfern. Die Yuppies halfen ihnen aus der Klemme und garantieren wohl auf einige Jahre die volle Belegung der Betten und die Auslastung der Lifte.

Die Wintersport-Yuppies sind vor allem an ihrem guten bis sehr gutem Skistil zu erkennen. Die Piste beherrschen sie genauso souverän wie den Tiefschnee. Ihr äußeres Erscheinungsbild hebt sich signifikant von dem der skifahrenden Masse ab.

Markenkleidung ist gefragt: Head, Jet Set, Bogner, Ellesse und immer mehr italienische Marken der Nobelklasse. Die verhältnismäßig teure Skibekleidung unterliegt modischen Trends. Deshalb sind modebewußte Ski-Yuppies gezwungen, sich jedes Jahr neu einzukleiden.

Bei den Skimarken wird sich an »Opinion-Leadern« orientiert. Skilehrer gehören dazu, aber auch die Skirennläufer. Steht einer dieser Sportchampions öfter auf dem Treppchen, dann wird davon ausgegangen, daß das Skifabrikat »kauffähig« ist. Die Marke ist schnell ausgemacht. Schließlich halten die Rennläufer immer sehr werbewirksam ihre Skier den Fernsehkameras entgegen. Während ein Normalskifahrer alle drei bis vier Jahre seine Skier wechselt, hält es den Yuppie höchstens zwei Jahre auf seinen Brettern, die ihm die Wintersportwelt bedeuten.

Besonders wichtig sind dem Ski-Yuppie die Wintersportziele. Massentourismus ist ihm zuwider. Wo Reiseveranstalter die Betten füllen, fühlt er sich nicht wohl. Das Gedränge an Liften und Bergbahnen akzeptiert er, aber er möchte dabei unter seinesgleichen sein. Und er möchte nicht nur mit dem Namen eines renommierten Wintersportortes unter Freunden brillieren können, sondern auch mit der Adresse. Typische Hinweise, wo er zu erreichen ist: »Wir wohnen wie jedes Jahr bei Hilde Jochum im Tannberger Hof.« Der imagebewußte Yuppie-Zuhörer kann daraus entnehmen, daß es sich um den Nobelort Lech am Arlberg handelt. Andere wohnen bei »Karl Schranz« (dem früheren österreichischen Super-Ski-Star) in St. Anton oder bei »Egon Zimmermann« (Olympiasieger) in Lech.

Beliebte Yuppie-Ziele im Winter sind der Arlberg mit Lech, Zürs und St. Anton, St. Moritz, Cortina d'Ampezzo, Zermatt, Grindelwald, Pontresina, Davos, Gstaad, Lac de Tignes, Megève und Chamonix. Und in jedem Ort gibt es einen Yuppie-Treff: die Open-Air-Bar vor Hilde Jochums berühmtem Hotel Tannberger Hof in Lech zum Beispiel oder die Diskothek im selben Hause, der Abend-, Nacht- und Tanz-Treff Tenne in Kitzbühl, das Café Hanselmann in St. Moritz und viele mehr.

Auf der Suche nach den letzten Abenteuern beim Skifahren haben die Yuppies das Tiefschneefahren weitab von gepflegten Pisten entdeckt. Helikopter-Skiing (von Insidern Heli-Skiing genannt) ist deshalb besonders beliebt. Um die Möglichkeiten auszureizen, wird gelegentlich sogar nach Kanada ausgewichen, wo besonders lange, steile und weit von jeder Zivilisation entfernte, noch jungfräuliche Schneehänge auf die skibegeisterten Yuppies warten.

Dem Beobachter der Szene fällt auf, daß Skilanglauf sein derzeitiges Popularitätshoch sicher nicht den Yuppies verdankt, sondern wohl mehr den hohen Gebühren für das Benutzen von Bergbahnen und Liften, aber auch einer »Gesundheitswelle«. Soweit diese angesprochen ist, sind die Yuppies selbstverständlich dabei – allerdings nur zur reinen körperlichen Ertüchtigung. Eine Stunde Langlauf in der Früh oder am Abend, um zu prüfen, was Herz und Lunge zu leisten vermögen, akzeptieren Yuppies. Aber bitte nur dann, wenn das alpine Skivergnügen nicht gestört wird und der Skilehrer nichts dagegen einzuwenden hat. Yuppies treffen in den Wintersportorten ihren »Stamm-Skilehrer«. Um gleich Mißverständnissen vorzubeugen: Nicht etwa um in der Gruppe das Bogenfahren oder Wedelschwünge zu üben, sondern um sich unberührte Hänge abseits der Pisten zu erschließen – allein oder mit anderen. Ski-Yuppies können sich eben Ski-Lotsen leisten. Außerdem alles, was Skilehrer eben so empfehlen. Zum Beispiel Romantik mit Pferdeschlitten am Abend, um vom Nobelort Lech in das berühmte Restaurant »Rote Wand« in Zug zu gelangen. Ski-Yuppies vergessen auch im Wintersport nicht, als Gourmets aufzutreten. Alpenländische Romantik wird als Zusatz erwartet. Nur kitschig darf sie sich nicht präsentieren.

Understatement ist gefragt

Yuppies haben sich ihren Wohlstand hart erarbeitet. Sie möchten sich selbst dafür belohnen. Zum Beispiel mit einem Kindheitswunsch: dem besonderen Auto. Aber: Es entspricht nicht dem eigenen Lebensstil, wenn das Auto zum Statussymbol erhoben wird. Über solche Versuchungen zeigt sich der Yuppie erhaben. Auch über den »Protzwagen« – also keine Front- und Heckspoiler, keine übermäßig lange Antenne und kein Modell, das dem Yuppie das Image eines Aufschneiders anhängen könnte.

Gekauft werden Autos mit der erklärten Absicht, viel Kraft unter der Motorhaube zu wissen, eine Marke mit Image zu fahren und gleichzeitig Understatement betreiben zu können – ein klein wenig, auf keinen Fall zuviel, um sich einschränken zu müssen. Solche Vorsätze und Leitlinien schließen weitgehend protzige amerikanische Straßenkreuzer aus und ebenso Fahrzeuge vom Typ Rolls-Royce.

Gefragt ist auch weniger ein Mercedes der obersten Preisklasse. Dafür Mercedes 190 möglichst ohne Markenzug auf dem Kofferraumdeckel oder der hinteren Verkleidung. Oder: Ein Golf GTI, der aber als solcher nicht unbedingt durch den Schriftzug an der Rückseite des Wagens ausgewiesen werden muß. Es macht eben Spaß, damit einen großen Mercedes oder BMW jagen zu können, wobei man sich die ungläubige Mine des Nobelmarkenfahrers vorstellt: »Das kann doch gar nicht sein.« Es kann. Ich als Yuppie beweise es.

Begehrt sind auch Cabrios – in den Farben Schwarz, Weiß und eventuell noch Anthrazit oder Rot mit hellem Dach.

Wer noch ein Käfer-Cabrio besitzt, der wird dies nicht so schnell verkaufen. Auch einen offenen Mercedes älteren Baujahrs nicht. Anbieter von Jeeps und Off-Road-Autos verzeichnen zur Zeit hohe Umsätze. Die Yuppies sind daran sicher nicht unwesentlich beteiligt. Auch mancher Porsche wird von der neuen Aufsteigergeneration gefahren.

An Geld fehlt es den Yuppies nicht, um sich das Fahrzeug ihrer Träume zu kaufen. Nur an Parkplätzen. Vor allem vor den beliebten »Meeting-Points«: »In«-Diskotheken, Gourmet-Stehkneipen, Bars und kleine, aber gastronomisch feine Restaurants. Und vor einer typisch bayerischen Eigenart des Freilufttreffs mit kommunikativen und gastronomischen Voraussetzungen – dem Biergarten.

Was yuppietypisch ist

- Dezente Farben
- Technisch hochwertige Autoradios
- Im Winter Skihalter auf dem Autodach
- Surfbretthalter im Sommer auf dem Autodach (auch wenn sich sportliche Ambitionen in Grenzen halten und sich sportliches Können nicht auf einem hohen Niveau bewegt)
- Die intensivere Sommervariante: Surfbrett auf dem Autodach (auch wenn es nur gelegentlich benutzt wird)
- Weglassen von Typenschildern
- Leichtmetallfelgen
- Zweitwagen vom Typ Jeep, Off-Road oder Cabrio
- Im Innenraum gut sichtbarer Tennis- oder Squashschläger

Nicht yuppielike sind:

- Baumelnde Maskottchen am Rückspiegel
- Klopapierrolle mit Häkelüberzug auf der Rückfensterablage
- Mit Fell überzogene Lenkräder
- Handschuhe für den Fahrer
- Vergrößerte Außenspiegel, die auf Wohnwagen hinweisen
- Personifizierung des Autos durch aufgeklebte Namen wie »Mucki« oder »Bussy-Bärchen«
- Auffallende Spoiler oder anderer äußerlicher Schnickschnack
- Große Antennen
- Kissen auf der Ablage im Rückfenster mit aufgestickter Autonummer
- Ralleystreifen an den seitlichen Außenseiten

DAS YUPPIE-BÜRO

Erfolg mit Ambiente

Eine notwendige Vorbemerkung: Zentraler Motor im Leben des Yuppie ist der Erfolg. Und den holt er sich primär im Berufsleben. Arbeiten bedeutet für Yuppies etwas Positives. Sie hängen sich stärker in ihre Aufgabe als viele andere, weil sie den Erfolg erzwingen möchten.

Das Büro des Yuppie läßt diese Grundeinstellung deutlich werden: Arbeit wird zum Spaß und damit der Arbeitsraum zum Relaxing-Room. Düstere, stark mit Einrichtungsgegenständen überladene Räume sind nicht gefragt. Die schweren Chefsessel und das dunkle Mobiliar einschließlich der mahagoniverkleideten Wände vieler Vorstandsbüros korrelieren nicht mit den Geschmacksrichtungen aus der neuen Aufsteigergeneration.

Typisches Ambiente: weiße Wände mit wenig Dekoration. Nur hochwertige moderne Kunst ziert gelegentlich die Büroräume. Für Schreibtische und Büromobiliar gilt vor allem die Farbe Weiß als yuppielike, aber auch schlichtes Schwarz setzt sich immer mehr durch.

Die Stilrichtung von Tischen und Stühlen tendiert eindeutig zu einem möglichst schlichten Auftritt. Schreibtischlampen aus Metall lassen sich stilistisch gut in das einfache Dekor integrieren.

In keinem Büro fehlt der Personal-Computer, der

entweder von IBM oder einem Hersteller von IBM-kompatiblen Geräten kommt. Der engagiertere Computerbenutzer unter den Yuppies wird den Apple Macintosh oder den Amiga favorisieren. Das Büro eines selbständigen Yuppie verfügt über ein Telefaxgerät.

Um das sportliche Image zu unterstreichen, wird in der Ecke ein Tennis-, Squash- oder gar ein Golfschläger lehnen, um Besuchern zu erklären: »Wenn ich Zeit habe, gehe ich schnell mal eine Runde spielen. Aber meistens komme ich nicht dazu.« Damit lassen sich berufliches Engagement und sportliche Ambitionen rhetorisch gut verkaufen. Wer das Glück hatte, schon einmal mit einem Minister geplaudert zu haben, der wird ein Foto, das dieses Ereignis dokumentiert, optisch gut sichtbar im Rahmen aufhängen. Priorität genießt selbstverständlich der Händedruck mit dem Wirtschaftsminister. An zweiter Stelle rangiert der Minister für Forschung und Technologie, wenn der Yuppie im High-Tech-Bereich arbeitet, und an dritter der Finanzminister. Forschungs- und Finanzminister tauschen die Plätze in der Prioritätenliste, wenn der Yuppie zum Beispiel als Unternehmensberater tätig ist.

Yuppies lassen ihren Gästen im Büro Kaffee oder Getränke entweder in schlichtem weißem Geschirr oder in solchem von künstlerisch eigenwilliger Form (Dokumentation der persönlichen Note) servieren. Als Tragehilfe dient ein Tablett aus Acryl. Cognac oder harte Getränke anzubieten, gilt als verpönt.

Mit einem Problem hat der Karrierist heute in verschiedenen Positionen zu kämpfen. Die Rede ist von den Großraumbüros, die hauptsächlich in den Tochtergesellschaften amerikanischer Computer- und Elektronikfirmen üblich sind. Aber gerade in diesen Branchen sind die Sprossen der Karriereleiter leichter zu erklimmen. Der Yuppie muß eine genormte Bürolandschaft akzeptieren. Er wäre aber kein Yuppie, wenn er nicht eine individuelle Note durchsetzen würde. Da bieten sich viele Möglichkeiten an: ein zusätzliches Stehpult (auf eigene Rechnung), ein ergonomisch gestalteter Stuhl, mit dem in einer Kniestellung gearbeitet werden kann (auf eigene Rechnung), ein Managementkalender (wird meist von der Firma bezahlt), Fotos der Familie im Acrylrahmen und andere Sonderausstattungen.

Merke: Der Yuppie verbringt seine schönsten Stunden im Büro.

YUPPIES COMPUTER-MANIE

Mit Bits und Bytes gefüttert

Als im Jahre 1978 die beiden Garagenbastler Stev Jobs und Stephen Wozniak den ersten Personal-Computer bauten, schätzten Analysten den möglichen Weltmarkt auf 20000 Geräte. Den beiden Bastlern wurden für ihre neugegründete Firma Apple nur bescheidene Zukunftsaussichten bescheinigt.

Die Fakten widerlegten später diese Auffassung: Bis heute dürften mehr als 20 Millionen Personal-Computer verkauft worden sein – von Apple und von einigen hundert Mitbewerbern, die dadurch eine ganz neue und von Zuwachsraten verwöhnte Industrie aufbauten. Und die Firma Apple stellte einen selbst für amerikanische Verhältnisse bemerkenswerten Rekord in der Wirtschaftsgeschichte auf: Noch nie zuvor gelang es einer Firma, sich aus dem Nichts in so wenigen Jahren zu einem »Milliarden-Dollar-Unternehmen« zu entwickeln.

Der Trend hin zum kleinen Computer – zum »persönlichen« Computer, zum Computer auf dem Schreibtisch – ist von den Yuppies stark gefördert worden. Die technikbegeisterten Aufsteiger zeichnen sich durch eine Manie für Personal-Computer aus. Kaum einer, der nicht mit den elektronischen Assistenten arbeitet.

Für den Kaufentscheid spielt nicht mehr so sehr wie in früheren Jahren die Technikbesessenheit eine ausschlaggebende Rolle, sondern mehr und mehr die Erkenntnis, mit den Geräten über ein Arbeitsmittel zu verfügen, das auf dem Weg nach oben – sei es als Angestellter oder als Freiberufler bzw. Unternehmer – wertvolle Dienste leistet. Insbesondere gelingt es dem nach Erfolg strebenden Yuppie, mit Hilfe des Computers schneller und effizienter Lösungen zu präsentieren als Konkurrenten. Diese müssen meist aus Bequemlichkeit, aber gelegentlich auch aus Angst, im Mitarbeiterkreis eingestehen, von der neuen Technik nichts zu verstehen und lehnen das Arbeiten mit dem Computer ab. Hier zeigt sich wieder das Gespür der Yuppies, um sich ganz legal Vorteile zu verschaffen, wenn es um Aufstiegschancen oder um den Konkurrenzkampf als Freiberufler oder Jungunternehmer geht.

Der Yuppie weiß mit dem Computer umzugehen, was bei der schwierigen Materie einiges an Zeitinvestment erfordert. Wenn er den Kaufentscheid selbst bestimmen kann und nicht von Richtlinien seines Unternehmens abhängig ist, wird er gelegentlich unsicher. Er schwankt zwischen einem Computer der Firma Apple (für ihn eine Art Porsche) oder einem IBM-PC (für ihn eine Art Mercedes) oder einem IBM-kompatiblen Gerät. Bei den kompatiblen Computern setzt er meist auf Marken. Einen billigen asiatischen No-Name-Computer wird er nur als absoluter Computer-Freak kaufen, um damit zu dokumentieren, daß er die Computertechnik beherrscht und nicht einmal Beratung oder Service benötigt.

Yuppies neigen heute immer mehr dazu, einem neuen Trend der Computerindustrie zu folgen, der vielleicht sogar für sie von der Industrie initiiert wurde. Die Rede ist von den portablen Computern und von den Laptop-Computern. Die Portablen gleichen in geschlossenem Zustand Koffernähmaschinen und werden wegen ihres meist doch noch beträchtlichen Gewichts von Spöttern auch als »Schleppbare« bezeichnet. Die Laptops passen dagegen mehr und mehr ins Yuppie-Image. Sie sind in geschlossenem Zustand mit Aktenkoffern vergleichbar.

Auch wenn die Technik des aufklappbaren Bildschirms von der Qualität der Darstellung her hohe Ansprüche noch nicht befriedigen kann, gelten heute schon Laptops als Aufsteiger-Geräte und damit auch als yuppielike. Wer im Flugzeug, im IC oder während einer Konferenzpause mit seinem Laptop arbeitet, darf sich der Bewunderung anderer sicher sein. Und Yuppies lieben dieses Bad im stillen Beifall der Umstehenden.

Wenn es um die Software, also um die Programme geht, ohne die der Computer wertlos wäre, dann finden sich bei Yuppies ziemlich einheitlich Software-Klassiker wie Framework, Lotus 1-2-3, Multiplan, dBase, Open Access und Symphony. Nur wenn die Rede auf Textverarbeitung kommt, dann engagieren sich Yuppies wie bei einem Glaubenskrieg. Das Yuppie-Lager ist heute in zwei Parteien gespalten. Die einen favorisieren das Programm Wordstar, die anderen das Programm Word. Bei solchen Diskussionen kann der Yuppie sein gesamtes Computerwissen ausspielen, das im Vergleich zum Bevölkerungsdurchschnitt auf beträchtlich hohem Niveau angesiedelt ist.

Typisches für den Computer-Yuppie

- Sehr leistungsfähiger Personal-Computer
- Tragbarer Computer als Zweitgerät
- Beherrscht die 100 wichtigsten Begriffe der Computersprache
- Ist Abonnent der Zeitschrift »Chip«
- Schreibt seine Texte mit dem Programm Wordstar oder Word
- Besitzt mehrere integrierte Programme wie Lotus 1-2-3, Framework oder Open Access
- Kauft seinen Kindern einen Commodore-Home-Computer
- Liebt Computerspiele wie Flight-Simulator
- Will sich demnächst einen Laser-Drucker kaufen

Tüchtig sein alleine genügt nicht

Karrieren entstehen nicht durch Zufall, sie werden gemacht. Diese Erkenntnis trifft in besonders hohem Maße für Yuppies zu. Ihnen fällt nichts in den Schoß. Sie müssen dafür hart arbeiten. Das beginnt schon im schulischen Bereich und setzt sich an der Universität fort.

Yuppies sind weder »Einser-Schüler« noch Streber gewesen. Mit viel Mühe und sicher auch schon mit einem »Riecher« für Prioritäten ausgestattet, bestanden sie die notwendigen Prüfungen und Examen. Gelegentlich mußten sie sich geradezu über Prüfungshürden hinwegquälen. Aber solche Erfahrungen stählen für das spätere berufliche Leben. Die Ausbildung allerdings, die Yuppies genossen haben, kann als gut – gelegentlich sogar als sehr gut (Studium im Ausland) – bezeichnet werden.

Eine gute Ausbildung als Basis, verbunden mit kaum zu bremsendem Ehrgeiz, die Karriereleiter möglichst schnell nach oben zu klettern oder sich als Unternehmer im Konkurrenzfeld nach oben durchzuboxen, zeichnet diese neue Aufsteigergeneration aus. Ihr postmodernes Lebensgefühl mag dabei ebenfalls Antriebsfeder sein.

Yuppies setzen ihre Ausbildung meist besser in beruflichen Erfolg um als die große Masse. Dabei beachten sie wichtige Karrieregesetze. Ihr Ehrgeiz ist es, das Karriereziel möglichst rasch und optimal zu erreichen.

Der Begriff »Karriere« stammt von der Rennbahn und definiert die schnellste Gangart des Pferdes, den Galopp. Auf der Strecke kommt es auf die richtige Gangart zur rechten Zeit an. Wer zu früh spurtet, hat im Finish keine Kraft mehr. Diese Erkenntnis läßt sich auch auf die Karriere im Beruf übertragen. So mancher Schnellstarter ist im Mittelmaß hängengeblieben, so mancher Zauderer mußte das Feld an sich vorbeiziehen lassen. Richtiges Taktieren ist also gefragt. Der Yuppie beherrscht es.

Er weiß auch, daß Erfolg und Karriere eines Menschen in sein individuelles Umfeld gebettet sind: Seine Persönlichkeitsstruktur, seine Ausbildung, seine Familie, seine Fähigkeit zur Selbstdarstellung, sein Arbeitsstil, das Unternehmen, für das er arbeitet, seine Fähigkeit, Chancen zu nutzen, sein Umfeld von Vorgesetzten und Mitarbeitern – aus all diesen Komponenten ergeben sich Gesetzmäßigkeiten, die der Yuppie bei der Entwicklung seiner Karriere beachtet.

Er wird zum Beispiel genau die Zusammenhänge zwischen Karriere und persönlichen Parametern analysieren und zwischen Gefühl und Ratio unterscheiden.

Yuppies wissen, daß das Weiterkommen im Berufsleben kein »Ich bin daran nicht interessiert« erlaubt. Neben ihrer eigentlichen Tätigkeit versuchen sie, sich noch Wissen auf anderen Gebieten aufzubauen. Das ist sicher ein wesentlicher Grund dafür, daß Yuppies die Klaviatur der Personal-Computer ziemlich gut beherrschen.

Bismarcks Feststellung »Das Ausländische hat immer einen gewissen vornehmen Anstrich für uns« machen sich Yuppies zu eigen. Viele fördern ihre Karriere durch Aufenthalte im Ausland, aber auch durch ein Zweitstudium, durch Besuche von Eliteschulen und durch Promotionen. Auch wissen sie, daß es sich lohnt, über einen gewissen Zeitraum in einem Beratungsunternehmen tätig zu seien. Sie beziehen ihren Partner oder ihre Partnerin in ihre Karrierepläne ein oder bitten sie sogar, als Karrierehelfer tätig zu sein.

Yuppies versuchen immer positiv aufzufallen und auch einmal mit einer Portion Frechheit den Aufstieg zu beschleunigen. Sie »verkaufen« ihre Leistung bei Meinungsbildnern im Unternehmen und lassen sich jederzeit ansprechen – von einem Personalberater (im Fachjargon auch Head-Hunter genannt). Sie zeigen Persönlichkeit, tragen Managerverhalten zur Schau und profilieren sich durch besondere Aktivitäten.

Ein wichtiges Karrieregesetz der Yuppies lautet: »Immer agieren und möglichst wenig reagieren.« Sie entwickeln also Eigeninitiative und bringen andere in Zugzwang. Auf dem Weg nach oben versichern sie sich der Hilfe eines »Gönners«, der ihre Karriere fördert. Yuppies suchen sowohl die Stabserfahrung in einem Großunternehmen als auch die Fronterfahrung in einem distributionsorientierten Betrieb und die Funktionserfahrung in einer leitenden Position.

Unter den Yuppies finden sich auffallend viele Betriebs- und Volkswirte. Sehr oft ziert der Titel »Dipl.-Kaufmann« die Visitenkarte. Der berufliche Weg nach oben führt oft über eine Assistentenstelle in einem Vorstands- oder Unternehmerbüro, wobei peinlichst darauf geachtet wird, nicht als »Edel-Assistent« in einem Unternehmen geparkt zu werden. Unternehmer und Vorstände neigen nämlich aus Bequemlichkeit dazu, sehr gute Assistenten auf lange Zeit halten zu wollen, was diesen wiederum den Aufstieg auf der Karriereleiter versperrt.

Gerne wird auch der Karriereeinstieg in einer renommierten Unternehmensberatungsfirma gesucht. Das bringt Erfahrungen, Image und die Möglichkeit, sich während der Beratungstätigkeiten bereits bei Firmen zu empfehlen.

Ein weiteres wichtiges berufliches Potential der Yuppies findet sich in der Kreativen-Szene. Zu nennen wäre hier vor allem die Agentur- und die Verlags-Szene: Grafiker, Art-Directoren, Art-Buyer, Mediaberater, Agenturchefs, Redakteure, Layouter, Chefredakteure, Werbeberater und viele mehr.

Geprägt wird die Yuppie-Generation auch durch neue Technologien – insbesondere durch die Elektronik und in ihrem Sog durch die Computer. Hier hat sich die neue Aufsteigergeneration besonders stark festgesetzt. Dafür gibt es eine Reihe von Gründen: hohe Einkommen, schnelle Karrieren, Internationalität, innovationsorientierte Firmenpolitik und ein hoch einzustufendes Image.

Keine andere Branche wird zur Zeit so stark von

Innovationsschüben getrieben wie die der Elektronik und damit die der Computer. Unter diesen Voraussetzungen ergeben sich zum Teil gigantische Wachstumschancen für die involvierten Firmen. Diese Chancen werden in der Regel durch ein amerikanisch orientiertes oder von den USA sogar beeinflußtes Management rigoros genutzt. Die Folgen sind leergefegte Personalmärkte und daraus resultierende hohe Einkommen. Außerdem: Schnelles Wachstum der Firmen, das wiederum kurze Wartezeiten auf der Karriereleiter bedingt oder gar Karrieresprünge, die in anderen Branchen undenkbar wären. Der Yuppie fühlt sich selbstverständlich in diesem Umfeld besonders wohl.

Yuppies finden sich aber nicht nur unter den karriereorientierten Angestellten, sondern auch in der Kategorie »Unternehmer«. Sich in jungen Jahren selbständig zu machen, das Spiel mit dem Risiko erfolgreich zu gewinnen, gehört zu den Zielen eines ziemlich großen Kreises der Yuppie-Szene. Bevorzugt werden dabei Marktfelder, in denen schnell viel Geld verdient werden kann und die einer traditionellen Ausbildung der Yuppies – Studium der Betriebs- und Volkswirtschaft – entgegenkommen: Anlageberatung, Unternehmensberatung, Immobilien, Gastronomie (Aufbau erfolgreicher Ketten), Computerbranche, Personalberatung, Werbeagentur, Public Relations, Mode, Kunsthandel.

Ohne Zweifel: Die Yuppies nutzen die Möglichkeiten einer freien Marktwirtschaft so konsequent wie zur Zeit kaum eine andere Bevölkerungsgruppe.

DIE HITLISTE DER YUPPIE-BERUFE

Erbsenzählen bringt keine Erfolge

Yuppies haben das Wirtschaftsgefüge längst durchschaut und das Karrierekarussell intensiv analysiert. Sie wissen, wo sich Engagement lohnt und wo nicht. Auch die Strukturen der Firmen im Hinblick auf Entfaltungsmöglichkeiten und beruflichen Aufstieg wissen sie zu deuten. Sie wissen, daß Streber schnell scheitern. Sie lassen sich auch nicht in einem mörderischen Konkurrenzkampf verheizen und haben damit längst erkannt, was die Redakteure der ultrakonservativen amerikanischen Wirtschaftszeitung »Wall Street Journal« erst jetzt als Sensation aufdeckten: »Es geht oft ins Auge, die Mitarbeiter gegeneinander zu hetzen.«

Yuppies bewegen sich auch in dem Raster, das der Managementtrainer Stefan Skirl vom Institut für angewandte Kreativität in Burscheid bei Köln dem Magazin »Management Wissen« verriet: »Die Frage der Kooperation ist für mich eine Frage der Intelligenz: Wer Karriere machen will, kommt über diesen Weg am weitesten. Denn sobald jemand auf andere positiv zugeht, wird er kooperationswillige Partner finden. Damit hat er aber auch größere Erfolgsaussichten als ein ehrgeiziger Streber, der mit anderen im Streit liegt.«

Der karriereorientierte Yuppie weiß auch, daß ihm das Image der Firma auf seinem Weg nach oben genauso hilft wie die Reputation des Berufes. Es gibt eben Unternehmen und Berufe, denen der Hautgoût des Erbsenzählers anhaftet. Und der wirkt karrierebremsend.

Yuppies sitzen heute in vielen Unternehmen und Berufen. Hier einige Berufe, die besonders gut zum Bild der Yuppies passen – wobei die angegebenen Tätigkeiten für beide Geschlechter gelten, wenn auch immer noch eine Dominanz der Männer zu registrieren ist:

- Werbeberater
- Broker
- Art-Director
- Designer
- Boutiquenbesitzer
- Unternehmensberater
- Journalist
- Redakteur
- Chefredakteur
- Fotograf
- Media-Berater
- Personalberater
- Copy-Writer
- Marketingfachmann
- Direct-Marketing-Spezialist
- Konzeptionist
- Cheflektor
- Architekt
- Arzt
- Anwalt
- Software-Spezialist

- Computerfachmann
- Public-Relations-Fachmann
- Pressesprecher
- Vertriebsdirektor
- Anzeigenberater
- Vertriebsleiter
- Systemanalytiker
- Verlagsleiter
- Geschäftsführer
- Vermögensberater
- Pilot
- Flugbegleiter
- Verleger
- Stylist
- Modeberater
- Immobilienmakler

DIE YUPPIE-VERWANDTSCHAFT

Ein Stammbaum baut sich auf

Dynamisch, wie sich die Yuppie-Szene nun einmal entwickelt hat und weiter entwickelt, müssen sich zwangsläufig Randzielgruppen bilden, die eigene Merkmale aufweisen, aber im soziologischen Grundkonsens von dem der Ur-Yuppies nicht abweichen.

Die Nuppies
Der Buchstabe N steht für »Natural food orientated«. Es handelt sich also um jene Randgruppe der Yuppies, die der Naturkost sehr verbunden ist. Etwas salopp könnten sie auch als »Müsli-Yuppies« bezeichnet werden.

Die Guppies
Die Abkürzung steht für »Gay Urban Professionals«. Kenner der amerikanischen Yuppie-Szene bezeichnen die Guppies sogar als die »pioneers of Yuppie culture«. Die Guppies formieren Gemeinschaften auf der Basis des Doppelverdienens und gelten auch als Wiederentdecker des Art-deco-Stils. Guppies sind Trendsetter und bilden im Kreis der Yuppies wichtige Impulsgeber. Sie beeinflussen wesentlich den Modestil der Yuppies und auch ihr Freizeitverhalten, wobei die Favorisierung der italienischen Herrenausstatter und der Nouvelle-Cuisine-Restaurants auch von der Majorität der Etablierten

adaptiert wurde, nicht jedoch der Besuch von schikken Männerbars.

Die Smuppies

Das »Sm« steht für Schicki-Micki. Gemeint sind also jene Yuppies, die einen starken Hang zur Schicki-Micki-Szene nicht verleugnen können. Diese Gruppe wird auch die »Bussi-Bussi-Gesellschaft« genannt. Während den Ur-Yuppie Ehrgeiz, beruflicher Erfolg und ein wohldurchdachter Lifestyle auszeichnen, finden sich bei der Schicki-Micki-Verwandtschaft immer Leute, die durch ein größeres Erbe oder auch durch Beziehungen im Yuppie-Kreis mitmischen wollen, doch werden sie meist durchschaut und dann schnell ausgegrenzt.

Die Euppies

Unter den »Euppies« finden sich die Emanzen in der Yuppie-Gilde. Es handelt sich vor allem um hübsche, intelligente und finanziell unabhängige Frauen, die durch den Erfolg im Beruf von Seiten der Männer eine Scheu aufgebaut haben, weil bei ihren männlichen Geschlechtsgenossen das Konkurrenzdenken auch in das Private übertragen wird. Die erfolgreiche Karriere läßt die Frauen manches annehmen, was wiederum bei Männern als Emanzentum gilt.

DIE NACHWUCHS-ORGANISATION DER YUPPIES

Flyers in den Startlöchern

Es ist wie bei etablierten Parteien. Jede hat ihre Nachwuchsorganisation, um sich nicht durch natürliche Ausscheidungsprozesse langsam aufzulösen. Auch die Gilde der Yuppies muß nicht befürchten, eines Tages nur noch in Seniorenheimen – der besseren Klasse versteht sich – vertreten zu sein. Ihr Nachwuchs rekrutiert sich aus den Flyers.

Die Buchstabenkombination steht für »Fun Loving Youths En Route to Success«. Es handelt sich also um eine demographische Gruppe von jungen Leuten, die sich bereits »auf der Straße des Erfolges« befinden. Das amerikanische Massenblatt »USA Today« stuft diese Gruppe in die Altersklasse zwischen 13 und 25 Jahren ein. Überwiegend sind es Schüler von höheren Schulen wie Gymnasien und Fachoberschulen, aber vor allem Studenten mit einem ausgeprägten Sinn für Lebenserfolg.

Die Flyers fallen durch ihre modische Kleidung auf, die sich meist an klingenden Namen orientiert: Benetton, Fila, Jet Set, Levis 501. Der Gammel-Look ist bei dieser erfolgsorientierten Gruppe nicht angesagt. Das wirkt sich auch auf ihr Freizeitverhalten aus: Flyers bevorzugen Diskotheken mit spartanischem Interieur, in denen der Mensch und damit auch seine Garderobe zur Geltung kommen und nicht von der Dekoration und den Beleuchtungseffekten zurückgedrängt wird.

Die Eß- und Trinkgewohnheiten der Nachwuchs-Aufsteiger orientieren sich am Trend der Yuppies. Viel Mineralwasser und Alkohol – wenn überhaupt – nur vom Besten. Fast-Food-Ketten amerikanischen Zuschnitts sind bei ihnen weniger gefragt, obwohl sie im Kindesalter auf der Straße laut losbrüllten, wenn ihnen die Eltern einen Hamburger oder einen Fertig-Milchshake verweigerten.

Mit Freunden treffen sie sich gerne in einem Bistro, »beim Italiener« (aber es darf keine Pizza-Abspeisungs-Stube sein) oder in einem Naturkost-Restaurant. Sie parlieren über die Nouvelle Cuisine genauso perfekt wie über Vollwertkost.

Die Zigarettenindustrie verdient an ihnen nicht sehr viel, ebenso nicht die Bierbrauer oder die Hersteller von Süßwaren. Dafür können Restaurants und Bars mit einem umfangreichen Angebot an Cocktails auf ihre Aufmerksamkeit zählen. Allerdings setzen die Flyers voraus, daß ihnen vor allem alkoholfreie Cocktails geboten werden.

Ihre Einstellung zur Politik läßt sich auch für versierte Parteistrategen nur schwer ausmachen. Das bedingt auch, daß sich die jeweilige Wahlwerbung schwertut, diese aufstiegsverdächtige Gruppe mit Erfolg in ihr Konzept einzubeziehen. Als ziemlich zutreffend kann folgende Analyse gelten: Sie sympathisieren zwar mit Ideen der Grünen, orientieren sich aber letztlich doch in der Mehrzahl an einer der großen Parteien.

Wer nun glaubt, die Flyers würden den Aufstieg auf der Karriereleiter durch besonders gute Noten vorbereiten, der muß enttäuscht werden. Im allgemeinen sind die Nachwuchs-Yuppies weder »Streber« noch Wunderkinder. Geschenkt wird den Flyers in der Schule und im Studium nichts. Sie müssen sich oft sogar den Klassenerhalt hart erarbeiten. Aber vielleicht macht sie gerade diese Erfahrung so prädestiniert für spätere Karrieren. Die Erfahrung lehrt sowieso, daß viele Einser-Schüler später auf Beamtenstühlen landen und ihre Karriere an der Beförderungsordnung orientieren müssen.

»Cool sein« oder sich wenigstens nach außen so zu zeigen, gilt als Markenzeichen jener Jugend, aus der die Yuppies ihre Mitglieder rekrutieren. Auch wenn man innerlich kocht oder vor Nervosität und Aufregung fast zu platzen droht, gezeigt werden dürfen solche Gefühle nicht. Damit erwecken die Flyers bei konservativen Erwachsenen gelegentlich den Eindruck der Überheblichkeit, der in Wirklichkeit nicht zutrifft.

Die Flyers können als sportlich ambitioniert bezeichnet werden. Bevorzugte Sportarten sind Tennis, Skifahren, Windsurfen und Joggen. Gelegentlich wird auch das Rennrad zum Hobby. In den genannten Sportarten – insbesondere was Tennis, Skifahren und Windsurfen betrifft – erreichen Flyers gelegentlich einen Leistungsstand, der sie für die Teilnahme an Meisterschaften empfiehlt.

Die Marketingstrategen der Konsumgüterindustrie haben die Flyers als interessante Zielgruppe ausfindig gemacht. Die Gruppe verfügt gegenüber ihren Altersgenossen aus anderen Interessengruppen über ein verhältnismäßig hohes Dispositionsvolumen für Ausgaben. Wer der Frage nach der Herkunft des Geldes nachgeht, wird zwei Quellen für das Ausgabebudget ausmachen. Die eine speist die Flyers aus Zuschüssen der Eltern. Die andere macht schon jetzt deutlich, daß die junge Aufsteigergeneration später gewillt ist, mehr als andere zu verdienen. Zu Geld kommen diese Flyers durch Jobben neben Schule und Beruf. Bevorzugt sind dabei Aushilfsjobs in Boutiquen und Bekleidungsgeschäften, auf Messen und als Hilfslehrer für Skifahren, Tennis oder Windsurfen; außerdem Beschäftigungen in Banken oder Verlagen.

»Sobald die Yuppies ein neues Interessenfeld besetzen«, so der amerikanische Marketingberater Lawrence Graham, »schließen sich die Flyers an.« Sie verfügen dazu über das entsprechende Potential, denn – so das amerikanische Massenblatt »USA Today«, »sie dürften zu den Yuppies in der Größenordnung von 10:1 stehen«. Hierzulande kann sicher ein zahlenmäßig geringeres Verhältnis angenommen werden. Aber: Flyers sind im Kommen. Sie dürften auf längere Sicht das Überleben der Yuppies garantieren – vielleicht mit leicht geänderter Lebenseinstellung und eventuell sogar unter einem anderen Namen.

Was Flyers besonders schätzen

- Jeans der Marke Levis 501
- Hemden und Sportkleidung von Fila
- Sportliche Mode (zum Beispiel Skibekleidung) von Jet set
- Cocktails (vor allem ohne Alkohol), aber auch ein »Frozen Daiquiri«
- Verrückte Uhren
- Sportarten wie Tennis, Surfen und Skifahren
- Open-Air-Konzerte
- Wochenende mit Freunden
- Frühstücken zum Kult machen mit mehreren Sorten Konfitüren, Säften, verschiedenen Broten (auch selbstgebackenen), Schinken, Eier und Müsli
- Bauhaus-Lampen
- Edles Mobiliar von italienischen Designern
- Teure Gläser und Lampen
- Im Liebesleben mehr Klasse als Masse
- Heavy-Rap von Beastie Boys und RUN DMC
- Geldverdienen neben Schule und Beruf.
- Ferien auf einer Insel oder im Club.

DIE Dinks

Der Geldadel der Yuppies

Der Reporter einer Fernsehsendung über Yuppies irrte gewaltig. Sein Abspann war zwar dramaturgisch gut geplant, verzerrte aber völlig das Bild: Nach den Yuppies – so die Aussage des Reporters – kommen die Dinks. Gemeint war jene Bevölkerungsgruppe, die als »Double Income No Kids« bezeichnet wird, also Doppelverdiener mit hohem Einkommen, die keine Kinder zu versorgen haben.

Der Irrtum: Die Dinks sind schon längst unter uns – seit Jahrzehnten. Nur wurden sie eben erst jetzt als marketingspezifische Gruppe erkannt, die ein hohes Kaufpotential darstellt. Sie lösen somit die Yuppies nicht ab, sondern müssen als weiteres ernst zu nehmendes Potential für Marketingüberlegungen gesehen werden – neben den Yuppies.

Wegen ihres hohen zur Verfügung stehenden Einkommens könnte man sie als den Geldadel der Yuppies bezeichnen. Diese gesellschaftswissenschaftliche Hybrid-Kreuzung unterscheidet sich von den Yuppies, so Paula Almquist im Magazin »Stern«, »indem sie erstens nicht immer jung sind, nicht unbedingt in Modeberufen und Großstädten zu Hause sind. Reinrassige Dinks gedeihen auch in der Provinz, wo Franz Baulöwe ist und Elfriede fünf Putzkolonnen befehligt oder drei Edeka-Läden.«

Nach Meinung der »Stern«-Autorin konvertieren

jüngere Dinks gelegentlich. Die Gründe überzeugen: »Nachdem man sich Ferien auf den Seychellen, zwei BMW, Jacuzzi-Badewanne und drei Angorakatzen geleistet hat, will einem manchmal nichts Aparteres mehr einfallen als ein selbstgemachtes Kind. Für dieses werden dann schon im Fötal-Stadium italienische Lackstiefelchen angeschafft und winzige Kieler Matrosen-Anzüge.«

Die statistische Verteilung der Haushaltsgrößen in Deutschland sieht heute so aus:

- 32 Prozent 1-Personen-Haushalte
- 30 Prozent 2-Personen-Haushalte
- 17 Prozent 3-Personen-Haushalte
- 14 Prozent 4-Personen-Haushalte
- 7 Prozent 5- und mehr Personen-Haushalte

Genau 13,96 Millionen beträgt der Anteil der Haushaltsmitglieder von 2-Personen-Haushalten an der Gesamtbevölkerung. Die Dinks lassen sich aber trotzdem nicht in Millionen beziffern. Zur Kopfzahl gehört eben auch noch der entsprechende finanzielle Background. Und der dürfte nur um die 200000 Bürger zu wahren Dinks machen.

Wie sehr sich hierzulande die Einkommensstruktur verbessert hat, zeigen folgende Zahlen: 1968 gaben 2401 Bürger dem Fiskus an, mindestens eine Million zu verdienen. Heute sind es mehr als 10000. 1968 versteuerten nur rund 4500 Selbständige in diesem unserem Lande ein Jahreseinkommen von mehr als 250.000 Mark, in den achtziger Jahren waren es bereits um die 40000.

Heute verfügt knapp die Hälfte aller Selbständigen-Haushalte nach Abzug von Steuern und Abgaben über eine Summe zwischen 5.000 und 9.000 Mark im Monat, die für den Konsum ausgegeben werden kann. Darunter sind auch viele Dinks. An rund 250000 Arbeitnehmern wird heute ein Bruttogehalt von über 100.000 Mark im Jahr überwiesen. Noch 1968 waren es erst 6000. Knappe 2000 Top-Gehaltsempfänger zahlen für mehr als 500.000 Mark Jahreseinkommen ihre Steuern an den Fiskus.

Ohne Zweifel: Die Dinks gehören gelegentlich zu einer Einkommensgruppe, die sie zu Ultraverbrauchern werden läßt. Sie entfachen eine Art Nonplus-ultra-Konsum, der immer stärker die Angebotsstruktur prägt. Selbst biedere Versandhausunternehmen mußten ihr Angebot neu strukturieren, um der Einstellung »Lieber ein erlesenes Stück als drei Pullover vom Versand« wirksam entgegenwirken zu können und damit auch dem Verlust von Marktanteilen.

Die Industrie klagt nicht über diese Entwicklung. Sie paßt sich ihr an. Die Zeit ist günstig, denn Massenware unterliegt einem immer stärkeren Preis- und Konkurrenzdruck. Die Flucht nach oben in weniger preissensible Marktfelder gilt für viele Firmen als Überlebenschance in einem hoffnungslos übersättigten Markt.

Die Dinks sind so zu unerwarteten Rettern bestimmter Wirtschaftsbranchen geworden. Diese neue Ultra-Konsumenten-Gruppe wirkte zwar schon lange, wurde jedoch nicht ernst genommen. Damit konnte sie auch nicht zum Umsatzmotor werden, da ihre Wünsche von der Industrie weder geweckt noch erfüllt wurden. Den Marketinggurus gelang es, eine Zielgruppe auszugraben, die wie eine Goldader tief verschüttet war.

Während sich die Dinks einerseits zu Hätschelkindern der Industrie entwickeln, müssen sie sich andererseits als erklärtes Feindbild von Bevölkerungsstatistikern, Kirchen und den Verantwortlichen für die Sicherung der Renten fühlen. Doch läßt ein echter Dink diese Vorwürfe an seine bevölkerungserhaltende Verantwortung ganz cool an sich abtropfen. Eben wie ein Dink. Er stählt seine Selbstsicherheit. Mit Konsum vom Feinsten.

Zielgruppenspezifische Sponti-Sprüche

Die Jugendszene mit ihren Sponti-Sprüchen hat auch die Welt der Yuppies beeinflußt. Mancher Spruch aus der Jugendszene fand in abgewandelter Form Eingang in den Sprachschatz der etablierten Generation. Vielleicht auch deshalb, weil die Welt der Spontis von unten die Yuppie-Gesellschaft speist.

Lieber niederträchtig
als hochschwanger

Besser ein Hochstapler
als ein geistiger Tiefflieger

Was in der U-Bahn
als Überfüllung bezeichnet wird,
gilt auf Partys als Atmosphäre

Wer seine Schulden bezahlt,
vergeudet sein Vermögen

Irren ist männlich

Lieber Mixed Pickles
als Aids

Wer sich in der Ehe
nicht wehrt, lebt verkehrt

Köpfchen muß man haben,
sagte die Schuppe

Es gibt noch viel zu feiern,
fangen wir schon an

Wie sich der Mensch füttert, so wiegt er

Die Scheibe klirrt,
unser Kind kichert,
hoffentlich Allianz-versichert

Love is beautiful

Je größer das Konfekt, um so größer wird die Konfektionsgröße

Mit Sparen wird man nicht reich

Der Grufti ist willig,
aber das Fleisch ist schwach

Ich bin noch immer flüssig,
deshalb ist für mich auch
die Steuer überflüssig

Liebe deinen Nächsten,
aber steck' dich nicht an

High nun.
Morgen können wir schon tot sein

Wirklich reich ist nur,
wer von seinen Zinsen leben kann

Auch Glatzköpfe haben gelegentlich
eine Glückssträhne

Wer finanziell am Ende ist,
kann wieder von vorne anfangen

Gourmets aller Länder
vereinigt euch.
Ihr habt nichts zu verlieren
als eure gute Figur.

Lieber Sonne im Herzen
als Sahnetorte im Magen

Klares trinken,
die Leber sieht es nicht

Nichtraucher sind Steuersünder

Wo meine Putzi ist, klappt nichts,
aber sie kann nicht überall sein

Morgenstund ist ungesund

Geisterfahrer
sind wahnsinnig entgegenkommend

Lieber ein Bratkartoffelverhältnis
als gar keines

Männer haben Frauen genauso nötig
wie Neger ein Bräunungsstudio

Freunde, laßt uns nicht
die alten Fehler begehen

Frauen sind Männersache

Lieber kopulieren
als parlieren

Eine Frau im Fiorucci-Fummel macht noch keinen
Sommer

Laßt uns verschanzen
vor den Emanzen

Wer jetzt den Kopf in den Sand steckt,
der knirscht bald mit den Zähnen

Meinem Motto bleib ich treu:
pervers, schwul und arbeitslos

Lieber locker auf dem Barhocker
als hektisch am Konferenztisch

Saving money is good,
making money is better

Nie wieder Jungfrau

Besser ein Hochstapler
als ein finanzieller Tiefflieger

Wer sich in der Ehe nicht bewegt,
der spürt die Fesseln nicht

Ein echter Playboy
hat immer etwas in petting

Arbeit macht Spaß.
Ich könnte ihr stundenlang zusehen

Eigentlich wissen wir nicht, was wir wollen.
Aber das mit ganzer Kraft

Take ist easy
but take it

Homosexualität ist sicherer
als die Pille

Ein guter Deutscher
mißtraut allen Freuden,
es sei denn, sie lassen sich trinken

Sommersprossen sind bei einigen Leuten
die einzigen Gesichtspunkte,
über die sie verfügen

Immer heiter,
der Kampf gegen den Fiskus geht weiter

Helles Bier geht auf das Herz, dunkles macht dick.
Nur Freibier schadet nicht.

Besser FKK als FdH
(FdH = Friß die Hälfte.)

Ein wenig bi
schadet nie

Vorsicht ist die Mutter
jeder Ehe

Der Mensch hat es nicht leicht,
aber leicht hat es ihn

Ein weiter zurückliegendes Geburtsdatum
kann verdammt alt machen

Vergiß' den Tag,
erlebe den Abend,
genieße die Nacht

Zwischen Leber und Milz
ist immer Platz
für ein frisch gezapftes Pils

Lieber nichts im Bett
als Aids im Körper

Die Nase ist heute das einzige,
woraus sich etwas holen läßt,
ohne daß das Finanzamt
Steuern verlangt

Lieber heute aktiv,
als morgen Mallorca

Wer früher stirbt,
ist länger tot

Immer, wenn ich meinem Paßbild
zu ähneln beginne,
muß ich schnell Urlaub machen

Lieber geil
als zu intelligent

Männer sind besser,
als sie denken.
Deshalb ist für Frauen
Schönheit wichtiger als der Geist

Dreh' dich nicht um,
der Frust geht um

Eine Schwalbe allein
macht noch kein Schwälbchen

Gestern hatten wir noch den Gerichtsvollzieher bei uns im Haus
heute speisen wir schon wieder bei Witzigmann und bezahlen die Rechnung bar

Immer heiter,
der Steuerbetrug geht weiter

Arbeit ist der Ruin
für passionierte Partygänger

Petting statt Platin

Allein schlafen
fördert die Wohnungsnot

Frauen sind Männersache

Eine Maß Bier enthält genauso viele Kalorien wie ein Pfund Rindfleisch. Aber man kann doch nicht jeden Abend vier Pfund Rindfleisch essen

Hinfallen ist keine Sünde, aber liegenbleiben

Auf den Mund geschaut

Jede soziale Klasse hat ihre eigenen Redensarten. Bei den Yuppies vermischen sich Lebensweisheiten, Sehnsucht, aber auch die Erfahrungen in einer Überflußgesellschaft und vor allem viele Anleihen aus einer amerikanisierten Welt zu typischen Formulierungen, die sicher Sprachforschern ein weitgefächertes Betätigungsfeld der Analyse bieten.

Da bin ich wirklich angetoucht
(Berührt sein)

Ich habe dafür kein Feeling

An (zum Beispiel Reisen, Partys etc.) kann ich mich immer wieder hochziehen

Bei Neckermann gebucht und hier ausgestiegen
(Beleidigende Anrede für Leute, die sich in elitären Urlaubsorten oder Beherbergungsbetrieben nicht gesellschaftsgemäß benehmen)

Mach den Kopf zu
(Halt den Mund)

Ich habe keinen Dampf auf der Pfanne
(Ich habe keine Lust)

Ich pyjamiere gerne
(Ich schlafe gern mit Schlafanzug)

Diese Musik stellt mich wieder auf

Da schnallst du ab
(Ein Rudiment aus der Militärsprache. In diesem Fall ein besonders betontes Erstaunen)

Soll ich noch weiter mein Lächeln verschleudern?
(Beim Fotografieren, wenn das erlösende »Klick« zu lange auf sich warten läßt)

Du hast wohl 'ne Rolex auf dem Dach
(Du bist wohl nicht ganz bei Sinnen)

Danke, mir ist schon schlecht

Das übergebe ich meinem Anwalt
(Wird im Scherz geäußert. Zum Beispiel als Antwort auf eine ironische Bemerkung)

Der bohrt im Keller nach Hummer
(Der ist ganz schön bescheuert. Oder krasser ausgedrückt: Der ist strohdumm)

Ich glaub, mein Schwein pfeift

Der hat den totalen Durchblick

Ameisen im Klavier haben
(Etwas geistig weggedreht sein)

Dem fehlt der totale Durchblick

Trägt der links oder rechts?
(Gespräch unter Mitgliedern des weiblichen Geschlechts über einen Mann, der sehr enge Hosen trägt und dadurch seine Männlichkeit in markanten Konturen erahnen läßt)

Ich möchte wissen, was Sache ist

Dem fällt bald ein Ei aus der Hose
(Über einen Angeber in Sachen Männlichkeit)

Ich spiele dienstlich
(Zum Beispiel Tennis, wenn ein Match mit einem Geschäftspartner angesagt ist oder wenn gegenüber den Ehefrauen eine Ausrede gesucht wird)

Bei den beiden wandert ein Ei
(Folge allzu intimer zwischenmenschlicher Beziehungen)

Weiß der Geier

Keine Panik auf der Titanic

Ich habe den totalen Überblick

Definiere doch einmal dein Verhältnis zu mir

Die ist zwischen Baum und Borke
(Ein Mädchen, das sexuell zur Liebe heranreift)

Ich lach mich schlapp

Let's fetz

Das ist doch ganz easy

Meine Katastrophen mach' ich mir schon selber

Du nervst mich

Das ist der totale Wahnsinn

Der dieselt ganz schön
(Gemeint ist der Geruch. Also eine abschätzig ge-

meinte Bemerkung unter Besitzern von Luxuskarossen über den Besitzer eines Kleinwagen- oder Mittelklasse-Diesel)

Da geht die Post ab

Die geht nach Hollywood die Sonne putzen
(Über ein Möchtegern-Filmsternchen)

Die Kiste ist abgefahren

Vorsicht! Hasen kommen
(Aufforderung an Männer, ihren Bauch einzuziehen, wenn Mädchen vorbeikommen)

Der (die) tickt nicht richtig

Mit meinem (Automarke) pfeif' ich nur so durch die Kurven

Der (die) hängt voll durch

Die beherrscht sogar die eingesprungene Pirouette
(Abwertende Bemerkung von Frauen über eine Rivalin, die die Klaviatur des Sexlebens besonders gut beherrscht. Männer sehen das aus einem anderen Blickwinkel)

Ich hab' gestern gekäfert
(Gemeint ist: Ich habe im Restaurant des Münchner Feinschmeckerkönigs Gerd Käfer gespeist. Oder: Ich war auf einer Party mit Buffet von Käfer)

BMW, Surfbrett, Bauernschrank
(Typisch für bayerische Yuppies)

Mein Lachen springt nicht an

Die ist gut für Striptease im Rundfunk
(An der ist sexuell wirklich nichts dran.)

So what
(Was soll's)

Eine Boulette an's Bein nageln
(Sich mit etwas belasten)

DAS YUPPIE-WÖRTERBUCH

Lücken im Duden

Die Yuppies haben einen eigenen Wortschatz kreiert, der immer noch ergänzt wird. Deutlich zeigen sich dabei Übernahmen aus der Szene-Sprache, der Ausdrucksweise der Jugendlichen und dem Schicki-Micki-Deutsch.

abdrehen
Wehe, wenn jemand »abgedreht« ist. Dann nämlich, so der Beobachter, hat er eine Schraube locker. Kurz: Er spinnt. Nicht so schlimm ist die Situation, wenn einer für sich selbst eingesteht: Da dreh' ich aber ab. Gemeint ist: Ich verstehe das nicht.

abfahren
Es ist kaum zu glauben, was heute alles »abgefahren« wird. Das Spektrum ist weit gefächert: Frauen, Männer, Geld, Mode, Baghwan, Kinder, Computer und, und, und ... Die Steigerung: echt abfahren und sogar total abfahren.

abgesegnet
Alles, was sich zum Beispiel ein Büromensch nicht selbst zu entscheiden traut, läßt er sich von einem Vorgesetzten absegnen. Aber auch der Ehemann kann – wie sich sein glückliches Weib dann später unter Freundinnen ausdrückt – die Anschaffung

eines Pelzmantels oder eines schicken Cabrios absegnen.

ablachen
Gebräuchlich in der Redewendung: Ich lach' mir einen ab. Zum Beispiel als Antwort auf einen Witz, der nicht ankommt.

ablaufen
»Was bei dem oben dazuwächst, läuft er unten wieder ab«, stellt die große, attraktive Dame fest, wenn ihr ein Mann unter 1,60 Körpergröße den Hof macht.

abräumen
läßt sich bei den verschiedensten Gelegenheiten. Zum Beispiel bei einem Geschäft, auf der Rennbahn beim Pferdelotto oder als Manager von Boris Bekker. Der »räumt ganz schön ab«.

absahnen
wird nur dann interessant, wenn Geld im Spiel ist. Meist sind es dicke Geschäfte, bei denen abgesahnt wird. Dann ist auch ein »Absahner« am Werk.

abschminken
muß sich der Mensch im Leben leider viel. Oft sind es der Traum vom Haus mit Swimming-Pool, die Reise auf die Malediven, aber auch solche Kleinigkeiten wie eine Gehaltserhöhung oder eine Karte für ein besonders begehrtes Theaterstück

abschnallen

»Da schnallst du doch glatt ab« ist die wohl gebräuchlichste Redewendung für den Ausdruck des Erstaunens. Weniger verbreitet ist, die Redewendung einer Person zuzuordnen. Also: Wenn sie das hört, wird sie gleich abschnallen.

abschotten

kommt aus der Seefahrersprache und hat auch im neuen Deutsch seine Grundaussage nicht verloren. Wer sich abschottet, der versucht, sich gegen Einflüsse von außen abzuschirmen. »Heute schotte ich mich einmal ab«, sagt das erotische Rückgrat vieler Partys und möchte sich damit nur noch interessanter und begehrenswerter machen. Lange wird sie es wahrscheinlich nicht durchhalten.

abseilen

»Ich seil' mich jetzt ab« ist immer dann gefragt, wenn sich jemand verdrückt. Die Redewendung ist meist mit gedämpfter Stimme auf langweiligen Partys zu hören.

absondern

Bei den meisten Reden wird nur »abgesondert« – und zwar Belangloses.

Action

ist immer gefragt, wenn eine Party in Langeweile zusammenzufallen droht. Spontane Aktivitäten sind mit Action gleichzusetzen.

airborne
»Als wir airborne waren, konnten wir unser Haus von oben sehen.« Gemeint ist: Als sich das Flugzeug in der Luft befand, konnte die Immobilie von oben betrachtet werden. Wobei allerdings anzumerken wäre, daß der Begriff »airborne« (er gehört zum festen Vokabular bei der englischsprachigen Ansage in Flugzeugen) besser in einem anderen Zusammenhang verwendet wird als in diesem Beispiel. So läßt sich nämlich messerscharf schließen, daß die Wohnlage keinesfalls als nobel gilt. Wer siedelt sich schon in einer Flugschneise an.

Allerletzte
»Das ist doch das Allerletzte« kann sowohl im positiven als auch im negativen Sinn gebraucht werden. Wenn der Ehemann mit einer Geliebten ertappt wird, dann ist das für seine Frau ebenso »das Allerletzte« wie der Gewinn im Lotto.

angesagt
ist heute vieles. Zum Beispiel der Ehekrach nach einem intensiveren Augenkontakt mit einem hübschen Partygast unter dem wachsamen Blick der Ehefrau. Angesagt kann auch das Liebesspiel nach einem heftigen Flirt im Urlaub sein. Wobei Hoffnung in der Redewendung mitschwingt.

angetoucht
Wer von meist seelischen Einflüssen besonders berührt ist, fühlt sich angetoucht.

anstinken

Wer gegen etwas anstinkt, hat es meist schwer. Er wehrt sich also. In den Sprachschatz der Yuppies hat aber auch die Redewendung »das stinkt mich unheimlich an« Eingang gefunden. Die Redewendung ist zum Beispiel im Falle der hohen Steuern sehr beliebt.

Arbeiterdüse

Wehe, wer mit der »Arbeiterdüse« zu einer geschäftlichen Verabredung jetten muß. Damit sind nämlich gleich zwei Mißgeschicke verbunden: Einmal das Aufstehen zu einer sehr unchristlichen Zeit und zum anderen der Flug mit oft sehr wortkargen, wenig freundlichen, vor sich hinmuffelnden Leidensgenossen. Als »Arbeiterdüse« werden Linienflüge bezeichnet, deren Start vor acht Uhr, meist jedoch vor sieben Uhr in der Frühe angesetzt ist.

Arlberger

Es gibt nur wenige wirkliche Arlberger. Gemeint sind die Einwohner der berühmten österreichischen Skiregion. Aber es gibt um so mehr Selbsternannte. Es ist schick, seinen Skiurlaub am Arlberg zu verbringen und sich als Arlberger zu bezeichnen.

Asche

Das Eingeständnis einer Schuld läßt sich mit einem »Asche über mein Haupt« etwas abschwächen oder – wie die Szene meint – »sehr sophisticated« ausdrücken.

astrein
sind vor allem Geschäfte und Verträge, die keine versteckten Klauseln oder andere Stolpersteine beinhalten. Ein Geschäft läßt sich auch astrein abwikkeln.

aufmotzen
»Die kommt ganz schön aufgemotzt an«, stellt eine Partygängerin fest, wenn ein anderes weibliches Wesen dank extravaganter Kleidung besser in die Optik der Männer kommt. Aufgemotzt kann aber auch ein Auto sein. Typisches Beispiel sind die vielen Golf GTIs mit Spoiler, Kühlergrill etc.

ausklinken
Wer die langatmigen Ausführungen eines Partygastes nicht mehr anhören kann, der klinkt sich schnell mal aus. Das tut übrigens auch der Vorgesetzte bei einem Meeting und schäkert lieber mit der Sekretärin. Wer hierarchisch weiter unten angesiedelt ist, muß leider das Meeting aussitzen.

Auslaufmodell
Das Alter nagt bekanntlich an der Schönheit. Wenn die Attraktivität im Buhlen um die Gunst des männlichen oder des weiblichen Geschlechts nachläßt, dann kennzeichnet das Fehlen des jugendlichen Flairs ein Auslaufmodell.

Bahndamm Nord
Bezeichnung für einen minderwertigen Tabak.

Banker
zu sein bringt Pluspunkte im Kampf um Statussymbole. Eine societybeflissene Ehefrau wird ihren Ehemann oder Geliebten zum Banker hochstilisieren, selbst wenn er sich noch nicht einmal im Karriereplan einen Platz am Schalter erobern konnte.

Bares, gebündeltes
Der Mann von Welt zahlt mit gebündeltem Barem. Kreditkarten gelten in verschiedenen Zirkeln schon als »out«.

Beautiful People
Jene schönen Yuppies der Nacht, die am Tag wenig zu tun haben und sich deshalb in der Nacht austoben können.

beckern
Es ist schon erstaunlich, wie schnell sich der Name eines berühmten und beliebten Tennisspielers in der Yuppie-Sprache festsetzen konnte. Wer »beckern« geht, macht sich zu einem Tennis-Match auf.

beinhart
kann sich ein Geschäftsmann beim Aushandeln eines Vertrages geben. Beinhart wird auch gepokert.

Beiwagen
Es handelt sich in diesem Fall um den ehelichen Beiwagen, also um den Ehepartner.

Beute-Bayer(in)
Ein(e) von einem Bayern (einer Bayerin) angeheirateter Nicht-Bayer(in).

bi
Genauer gesagt heißt es »gesund bi« und bezeichnet sowohl einen Mann als auch eine Frau, die es mit dem Geschlecht der Partner nicht so eng sehen.

Bildungstornister
Der Nachwuchs wird mit dem Bildungstornister auf den Schulweg gebracht. Mit dem Bildungstornister ist also der Schulranzen gemeint.

Bimbo
Aus der amerikanischen Yuppie-Sprache übertragener Begriff. Bimbo läßt sich mit »dumme Gans« übersetzen. Der Bimbo kann sowohl männlichen als auch weiblichen Geschlechts sein.

Bio-Beutel
Eine Tragetasche aus Jute-Material.

Bio-Mädel
Wer sich ein »Bio-Mädel« eingefangen hat, der dürfte für die gemeinsamen Lebensjahre den Radius der Gaumenfreuden bereits abgesteckt haben: Salate, Haferflocken, Müsli etc.

Bio-Typ
Sie vermehren sich wie die Karnickel, die Bio-Ty-

pen, auch Müsli-Typen genannt. Sie »fahren auf alles ab«, was in Zusammenhang mit Bio steht. Vom Bio-Essen bis zur Bio-Socke.

Blackout
Wem nichts einfällt, der entschuldigt sich mit einem momentanen »Blackout«. Damit läßt sich auch Unwissenheit überspielen, denn wer fragt schon nach einer Stunde noch mal?

Blutgruppe
allein macht wenig Sinn im Yuppie-Deutsch. Es muß schon die »gleiche Blutgruppe« sein, um sprachlich bestehen zu können. Wo immer sich in Gesprächen unter Yuppies Gemeinsamkeiten herauskristallisieren, wird sofort die »gleiche Blutgruppe« bemüht.

borden
Wir »gehen borden« steht für den Vorgang des Einsteigens bei Flugreisen, der meist in drangvoller Enge vollzogen wird.

Bodenpersonal
Gemeint sind nicht die Stewardessen und Stewards, denen das Flair des Fliegens mißgönnt ist und die sich hauptsächlich mit dem Abreisen und dem Kontrollieren der Tickets beschäftigen. Zu suchen ist das Bodenpersonal vielmehr in der christlichen Welt. Pfarrer und Nonnen werden als »Bodenpersonal« des Herrschers im Himmel bezeichnet.

bongen
Fast jedes Einverständnis wird heute »gebongt«. Frage: »Treffen wir uns heute bei Charly's?« Antwort: »Ist gebongt.«

Bonsai
Die Japaner haben die Bonsai-Pflanzen und -Bäume zu uns gebracht. Die kleinwüchsige Botanik befruchtete unseren Sprachschatz: Bonsai-Typen sind kleinwüchsige Menschen. Die Sekretärin beschreibt ihren Chef im Kreise von Kolleginnen als »Bonsai-Casanova«, und gelegentlich wird eine Nacht zu zweit anschließend mit »Bonsai-Sex« bewertet. Die Frage ist dann nur, wer es nicht weiter als bis zum Bonsai gebracht hat.

Botanik
Wer »in der Botanik« steht, sieht nichts als Landschaft.

bottomless
Wer sich »unten ohne« sonnt oder badet, was im Zuge der Nacktbadewelle keine Besonderheit mehr ist, verhält sich »bottomless«.

Bratpfanne
Wehe dem, dem der Charme einer Bratpfanne attestiert wird.

Bügelbrett
Platt wie eine Flunder – und zwar vorne wie hinten –

präsentiert sich aus der Sicht der Männer ein Bügelbrett-Typ. Der kann selbstverständlich nur weiblichen Geschlechts sein.

bumsen
Nur der Vollständigkeit halber sei dieses Wort aufgenommen. Die Bedeutung kennt heute fast schon jedes Kind. Die Sprache entwickelt sich weiter. So entstand der Begriff des »Rudelbumsens«, womit Gruppensex gemeint ist.

bunkern
Gebunkert wird Geld, zum Beispiel in Festverzinslichen oder in Bundesschätzchen, um schlechtere Zeiten zu überbrücken.

Cabrio-Frisur
Nicht jeder Cabrio-Besitzer verfügt auch über eine Cabrio-Frisur. Sie wirkt auch nicht auf Frauen. Im Gegenteil, der Mann wird dadurch zum Buchhalter-Typ. Eine Cabrio-Frisur besteht aus einem Haarkranz, der vorne offen ist und eine größere blanke Fläche auf dem Kopf deutlich sichtbar werden läßt.

Café Waagrecht
Dort werden Dauerplätze vermietet. Das Café Waagrecht bezeichnet den Friedhof.

Cartieuse
»Aha, auch eine Cartieuse«, bemerkt anerkennend die Trägerin einer Cartier-Uhr zu einer anderen Trä-

gerin dieser Nobelmarke, um zum Beispiel bei gesellschaftlichen Anlässen in das Gespräch zu kommen. Der Hintergedanke: auf sein eigenes Wertstück am Handgelenk aufmerksam zu machen.

CEO
Was sagt die Dame des Yuppies, des Aufsteigertyps, wenn sie nach der beruflichen Position ihres Mannes gefragt wird? Er ist ein CEO. Der Ausdruck ist aus dem Amerikanischen übernommen. CEO steht für »chief executive officer« und deckt sich in etwa mit unserem Geschäftsführer oder Generaldirektor.

Charles & Anthony
»Meine T-Shirts kaufe ich immer bei Charles & Anthony«, flüstert eine Partygängerin ihrem weiblichen Gegenüber zu und freut sich, wenn diese anerkennend nickt. Reingefallen: Charles & Anthony steht für das Kaufhaus C & A.

Chauvi
In einer repräsentativen Befragung von mehr als 1000 Männern im Alter von 20 bis 25 Jahren wurden die Männer nach ihren Vorstellungen von der Gleichberechtigung der Geschlechter gefragt. Es ergaben sich fünf Typen. Darunter waren auch die »Chauvis« oder »Chauvinisten«, die so charakterisiert wurden: Männer, die die Rechte, die Frauen errungen haben, wieder zurücknehmen würden, wenn sie nur könnten. Als Chauvi gelten Männer, die an dem alten Rollenverständnis über Frauen festhalten.

checken
»Check doch einmal, ob wir hier einchecken müssen oder dort«, bittet der Teneriffa-Reisende seine Frau am Flugplatz. Sie soll also nachfragen, ob hier oder dort die Reisenden nach Teneriffa abgefertigt werden. Wer möchte schon gerne »abgefertigt« werden oder eben auch nur »nachfragen«. Das Wort »checken« klingt eleganter.

Chemie
Die »Chemie muß stimmen« läßt sich für die verschiedensten Gelegenheiten anwenden. Bei einem Geschäft muß die Chemie ebenso stimmen wie nach einem Gehaltsgespräch oder bei der Gründung einer GmbH.

Chicken
steht für »Angsthase«. »Wissen Sie, ich bin noch ein richtiges Chicken«, warnt die Frau vor allen Lebenslagen, die ihr gefährlich werden können. Vorausgesetzt ist allerdings, sie fühlt sich wirklich als Chicken oder sie kokettiert nur damit.

Ciao
Grußformeln wie auf »Wiedersehen« oder »Servus« sind zur Zeit »out«. Als »in« gilt »Ciao«, wobei die italienische Anleihe sowohl zur Begrüßung als auch zum Verabschieden Anwendung findet.

claro
ist alles, was als Selbstverständlichkeit angesehen

wird. Mit »claro« soll Dynamik und der Mut zu Entscheidungen dokumentiert werden.

Clinch
Wer sich mit einem anderen »im Clinch« befindet, hat Meinungsverschiedenheiten.

Clique
Heute trifft sich nicht mehr ein Kreis von Freunden, sondern eine Clique.

Computermönch
Einer, der ganz auf High-Tech abfährt und Tag und Nacht an seinem Computer sitzt. Zu Computermönchen werden meist Besitzer von Home-Computern, die das Computern zum Hobby gemacht haben. Da haben dann Ehefrauen oder Freundinnen kaum noch Chancen, Bedürfnisse der zwischenmenschlichen Beziehungen anzumahnen.

Connections
Beziehungen sind im Berufs- und Geschäftsleben fast alles. Im Yuppie-Deutsch werden die Beziehungen zu »Connections«.

cool
Überlegenheit und Selbstbewußtsein zeichnen den Mann von heute aus. Er ist damit ein »cooler« Typ, gelegentlich sogar ein »ganz cooler« Typ.
»Cool zu bleiben« nimmt sich die betrogene Ehefrau vor, wenn sie ihren dereinst Geliebten zu einer fi-

nanziell gut abgepolsterten Scheidung überreden möchte.

Crew
Normalerweise spricht der Flugkapitän von seiner Crew, zu der er sich selbstverständlich auch zählt. Führungskräfte in der Wirtschaft spielen auf sprachlicher Ebene Flugkapitän, wenn sie ihren Vorstandsvorsitzenden die Bestätigung eines Auftrages mitteilen: Meine Crew zieht das schon durch.

Deal
Heute werden – vielleicht mit Ausnahme der Hansestädte Hamburg und Bremen – kaum noch Geschäfte gemacht. In der Fachsprache nennt sich das »Deal«. Übrigens kein Wunder, wenn die Hamburger diese dynamische Entwicklung der Sprache nicht so schnell nachvollziehen können. In der Hansestadt gibt es noch nicht einmal eine Industrie- und Handelskammer.

definieren
Mit »Definier' mal, wie du zu mir stehst« stellt eine Liebhaberin, aber auch die männliche Ausgabe den zweiten Teil des Verhältnisses zur Rede, wenn Zweifel über die Treue aufkommen. Aber auch Erklärungen werden heute schon mit »Definier' das doch einmal« verlangt.

Dinks
Abkürzung für »Double Income No Kids«. Mit den

Dinks kündigt sich eine Nachfolge- bzw. Ergänzungsgeneration der Yuppies an.

Doggie Bag
Den Ausdruck haben Amerikareisende in den deutschen Sprachgebrauch eingeschleust. Mit »Doggie Bag« wird die Tüte bezeichnet, die in einigen Restaurants beim Kellner angefordert werden kann, damit Hundebesitzer Reste der Mahlzeit mit nach Hause nehmen können. Gelegentlich soll die »Doggie Bag« auch von jenen Möchtegerns benutzt werden, die gerade noch die Restaurant-Rechnung bezahlen können, aber dem Hausmädchen auch noch etwas zukommen lassen müssen.

domestizieren
Die Emanzipation falsch verstanden haben muß ein Mann, von dem seine Frau im Kreis ihrer Freundinnen behaupten kann: »Der läßt sich von mir domestizieren.«

down
»Ich bin heute ganz schön down« bedeutet, daß sich die Stimmung in Richtung Tiefpunkt bewegt.

Drive
»Drive« zu haben zeugt für einen »Macher«, wie er heute so gerne gefordert wird. Kein Softie-Typ also.

ducky
»Ganz schön ducky«, so kommentiert ein Mann ge-

genüber seinem Freund am Badestrand den Auftritt einer Badenixe und meint damit, die Dame hätte den Watschelgang einer Ente.

durchhängen
Mehr als früher scheinen die Leute heute »durchzuhängen«. In der Jugendsprache würde das Phänomen mit »keinen Bock haben« erklärt. Es fehlt einfach die Lust, und schon hängt der Mensch durch.

Durchschuß
Um es gleich vorwegzunehmen: Der Begriff ist weder aus der Militärsprache noch aus der Kriminalistik entlehnt. Die Ursprünge sind in Gutenbergs Druckkunst zu suchen. Als Durchschuß wird der Abstand zwischen Buchstaben, Zeichen und Ziffern bezeichnet. Frauen, die sich mit Durchschuß bewegen, können oder wollen ihre unteren Gliedmaßen nicht gerade sein lassen.

durchziehen
Die Sache »ziehen wir durch«, sagt der Abteilungsleiter zu seinen Mitarbeitern und meint, jetzt müßten wieder einmal die Ärmel hochgekrempelt werden. Die »Sache durchzuziehen« verspricht auch der Scheidungsanwalt seiner Mandantin und vergewissert sich gleich in der Gebührenordnung, wieviel an Honorar bei der Streitsumme für ihn hängenbleibt.

Düse
Um diesen Begriff zu verstehen, muß man wissen,

daß bei Yuppies Surfen als besonders »in« gilt. Mit BMW, Bauernschrank und Windsurfen läßt sich das Ambiente umschreiben. Windsurf-Fans haben zumindest im Sommer kaum ein anderes Thema als eben Windsurfen. Der etablierte Windsurfer (das Gegenteil wären die Baggersee-Stehsurfer) fährt mehrmals im Jahr zur Düse. Gemeint ist der Gardasee, der durch seine geographische Lage zwischen hohen Bergen im Norden und den daraus resultierenden Windverhältnissen eben die Düse bietet, einen besonders starken Wind. Nur gute Surfer trotzen mit meist »getuntem« Sportgerät den hier vorherrschenden Winden.

easy
Wer den Yuppies heute so zuhört, könnte fast glauben, das Leben würde immer leichter werden. Nur so läßt sich das starke Vordringen des Ausdrucks »easy« in unseren Sprachschatz erklären. Aber auch immer mehr Leute scheinen die Ruhe weg zu haben, denn sie sagen: »Das nehm' ich ganz easy.«

echt
Die neue Steigerungsform in der deutschen Sprache: Echt gut, echt Spitze, echt sexy, echt was los, echt Klasse und, und, und ...

Edelstoff-Vase
Ein in Bayern gebräuchlicher Ausdruck für Bierglas.

Egg-head
Die Vordenker der Nation, die Top-Wissenschaftler in den Laboratorien sind als »Egg-heads« bekannt.

Ego-Trip
Auf den »Ego-Trip« fahren heute viele Leute ab. Sie wollen sich selbst verwirklichen, sie versuchen, wieder zu sich selbst zu finden.

Ei
Dem »fällt gleich ein Ei aus der Hose«, sagt die Dame aus dem schickeriaorientierten Yuppie-Kreis zu ihrer Freundin und bewertet damit die besonders starke Hinwendung eines männlichen Partygastes zum weiblichen Partyvölkchen. Eine andere Möglichkeit: »Ist bei dir ein Ei am Wandern?« gilt als Umschreibungsfrage, wenn mögliche Folgen aus zwischenmenschlichen Beziehungen in Erfahrung zu bringen sind.

eiern
Eine Frau mit Watschelgang »eiert«.

Eiertanten
Sehr eigenwillige Bezeichnung für Homosexuelle.

eingemehlt
wird derjenige, der sich beim small-talk auf Partys mit Worten zu weit aus dem Fenster hängt und damit den geballten Widerspruch anderer auf sich zieht.

Einkehrschwung
Skifahren ist in der hier angesprochenen Zielgruppe »in«. Der Einkehrschwung gehört nicht zu einem

neuen Skistil, sondern wird angewendet, um eine Skihütte mit der eindeutigen Absicht anzusteuern, sich dort mit heißen und alkoholischen Getränken wie Jägertee, Glühwein etc. innerlich aufzuwärmen.

einklinken
Wer sich in ein Gespräch einmischt, der »klinkt sich ein«.

einstylen
»Ich werde das schon wieder einstylen« heißt in die Allgemeinsprache übertragen: »Ich werde das schon wieder in Ordnung bringen.«

eng
wird es, wo immer wenig Möglichkeiten der geistigen Flucht bestehen. Ebenso der finanziellen. »Diesen Monat wird es eng« bezeichnet die Lebensumstände mit einem stark überzogenen Konto. In der Liebe kann es auch eng werden, wenn das Rendezvous mit einer Freundin auf dem Plan steht, sich kurzfristig aber eine andere Freundin für den gleichen Abend angesagt hat. Das gilt übrigens sowohl aus der Sicht des Mannes als auch aus der Sicht der Frau.

Eye-catcher
Ein aus der amerikanischen Werbesprache übernommener Ausdruck. Der »Eye-catcher« fängt das Auge – zum Beispiel durch ein besonders attraktives Plakat. Aber auch ein hübsch gebautes Mädchen

kann zum »Eye-catcher« werden. Im allgemeinen aus der Sicht des Mannes.

Feeling
Jeder hat heute sein »Feeling« und nicht mehr sein Gefühl. Das »Feeling« kann gut, schlecht, aber auch in der Steigerung wahnsinnig sein.

Feinstes
Vom »Feinsten« muß es selbstverständlich immer sein. Insbesondere aber das, was Partygästen an Speis und Trank vorgesetzt wird.

Fenster
Das Wort muß im Zusammenhang mit dem Ausdruck »aus dem Fenster legen« stehen. Wer eine Meinung vertritt, die im Gegensatz zu der vieler anderer steht, oder wer in einer bestimmten Angelegenheit besonders viel wagt, der »legt sich weit aus dem Fenster«.

Fete
hat längst das alte Fest ersetzt. Eine Fete läßt sich in der Steigerung als »irre« oder als »wahnsinnig« verkaufen.

Film
Wer »nicht im Film ist«, der weiß nicht, was sich im Augenblick tut. Bei mir ist »der Film gerissen«. Es gibt auch die Frage: »Welcher Film läuft den zur Zeit ab?« Gemeint ist: Was ist zur Zeit los?

fix und foxy
Wer »fix und foxy« ist, meint, er wäre total fertig.

Flattermann
ist ein gebratenes Hühnchen.

Fliege
Wer »eine Fliege macht«, der verabschiedet sich, er entfernt sich.

flippig
zu sein kommt nicht immer an. So ganz genau beschreiben läßt sich der Zustand des »Flippigseins« leider nicht. Flippige Leute fallen gerne von einem Extrem ins andere. Sie kleiden sich meist auch »flippig«, was bedeutet, alternativ zum bestehenden Trend.

Flugzeiten
hat der Hendl-Boom in den kulinarischen Wortschatz eindringen lassen. Je nach Güte des Fleisches werden die gebratenen Hendl nach ihrer Flugzeit eingestuft.

fränkische Röhre
Auf die Anatomie einiger Mädchen aus dem Frankenland bezogen, die einen leicht röhrenförmigen Körperbau nicht verleugnen können.

Freak
Der Freak ist durch das Zeitalter der Home-Compu-

ter besonders populär geworden. »Computer-Freaks« sitzen Tag und Nacht vor Bildschrm und Tastatur. Der »Freak« findet sich auch in vielen anderen Hobbybereichen.

Freude
In Verbindung mit »Da kommt Freude auf«. Ein Spruch für viele Gelegenheiten.

Frust
Der »Frust« geht um. Wer keine Lust hat – auf Arbeit genauso wie auf Sex –, der spricht vom Frust, die Jugend vom Bock. So geht »der Frust um«, und das Phänomen des »Null-Bock« wurde von den Wissenschaftlern entdeckt.

Full House
Ob Party, Vernissage oder Konzert: Full House gilt als Erfolgsgarantie. Drangvolle Enge muß also die Szenerie bestimmen.

g'spickt
Ein Ausdruck aus der bayerischen Szene. Er wird insbesondere von den »Tegernsee-Yuppies« verwendet, ist aber gleichzeitig fest im altbayerischen Wortschatz verankert. Wer »g'spickt« ist, verfügt über viel Geld. Er ist eben ein »G'spickter«.

Gag
Die Pointe ist zum »Gag« geworden, ebenso der besondere Einfall.

gagig
Wer auffallende Kleidung trägt, präsentiert sich »ganz schön gagig«.

galaktisch
»Das mußt du galaktisch sehen« ist ein deutlicher Hinweis, daß die Sache nicht so realistisch, sondern mehr philosophisch zu betrachten sei.

Gaumenspastiker
Ein Mensch, der Essen mit Magenfüllen verwechselt.

gecancelled
Es wird immer schicker, sich im Fliegerdeutsch auszudrücken. Der abgesagte Flug ist gecancelled. Selbst eine Party läßt sich heute schon cancelln.

Geier
»Weiß der Geier« soll ausdrücken, daß man keine Antwort weiß. Und der Geier kennt sie selbstverständlich auch nicht.

Geld
wird in Verbindung mit »Geld satt« gebraucht. Wer Geld satt hat, der ist zu beneiden. Er verfügt nämlich über das, was sich andere mühsam mit körperlicher oder geistiger Arbeit verdienen müssen.

Geschoß
Ein »scharfes Geschoß« kann einen Mann ganz

schön verwirren. Mit »Geschoß« wird ein attraktives weibliches Geschöpf bezeichnet.

gestylt
Gut »gestylt« kann eine weibliche Person mit einem schön geformten Körper sein. Gelegentlich wird »gestylt« auch in Verbindung mit Immobilien gebraucht. Zum Beispiel: Sie leben hier gut gestylt. Ein Yuppie kann auch modisch gestylt sein.

gewandet
Er ist in Loden »gewandet«, sie in Seide. Eine Anleihe an den Sprachschatz bei Hofe soll anscheinend eine soziale Aufwertung bringen. So wird bei vielen Yuppies das Wort »gekleidet« mit einem »gewandet« ersetzt. Zum Teil wird »gewandet« auch im ironischen Sinn verwendet.

glitzy
»Das ist glitzy« bezeichnet etwas Glitzerndes, das den Beigeschmack des Billigen hat.

Gran Canyon
Gemeint ist nicht die wunderschöne Landschaft im Westen der USA. Vielmehr ein von Falten gekennzeichnetes Gesicht. Wer beim Austausch von Zärtlichkeiten »in den Gran Canyon sieht«, der bekommt den besten Anschauungsunterricht über die Zusammenhänge von Alter und Haut. Je nach Perspektive kann sich der Gran Canyon auf das Gesicht oder auf andere Körperteile beziehen.

Grufti
Wehe, wer über 20, 30 oder 40 ist. Der Yuppie wird je nach Alter den älteren als Grufti einstufen. Auch ist der Begriff Grufti-Typ sehr beliebt.

Grüni
Eine Verballhornung für ein Mitglied der Bewegung der Grünen. Ein »Grüni« kann auch als »Bio-Typ«, »Körnchenfresser« oder »Müsli-Typ« bezeichnet werden.

Grüßaugust
Er wertet jedes Nobelhotel und jede Society-Bar ebenso auf wie den Gast, wenn dieser von ihm gegrüßt wird. Die Rede ist von den Portiers, die sich die Berufsbezeichnung »Grüßaugust« gefallen lassen müssen.

Gummi
Wer »ordentlich Gummi« gibt, der braust mit seinem Schlitten mit mindestens 150 Stundenkilometern durch die Landschaft. »Gummi geben« scheint der neue Standardausdruck für sportliche Autofahrer zu werden.

Haflinger-Typ
Die niedlichen Gebirgspferde mit den kurzen Beinen und dem dazu voluminösen Körper müssen immer wieder zur Charakterisierung einer weiblichen Spezies herhalten, deren untere Gliedmaßen etwas kurz und kräftig geraten sind und deren Körper ent-

weder Kraft, aber meistens das liebevolle Hausmütterchen mit einem Hang zur bürgerlichen Küche vermuten läßt.

Halb-Softie
Jener Zwitter, der sich zwischen Normalo, also Normal-Mann, und Softie bewegt. Wird von Frauen bevorzugt, die sich nicht so recht entscheiden können.

Hammer
»Das ist doch ein Hammer« gilt als Standardkommentar für überraschende Erkenntnisse.

Hänger
Wer sich seelisch, aber auch körperlich nicht fit fühlt, wird das seinen Mitmenschen mit der Bemerkung mitteilen: »Ich habe zur Zeit einen Hänger« oder »Ich hänge zur Zeit durch.«

Hasen
»Hasen kommen«, warnt der Mann seine Freunde, was als Kommando für »Bäuche einziehen« verstanden wird. Hasen sind nämlich hübsche Mädchen, für die gelegentlich bis zur physischen Grenze die Luft angehalten wird, um der Bauchdecke keine Möglichkeit des Entspannens zu geben.

Hasenjagd
Auf Hasenjagd geht, wer sich an hübsche weibliche Geschöpfe heranpirschen möchte.

heavy
Ganz schön »heavy«, das Theaterstück, soll heißen: Es ist schwer zu verstehen.

Heizölporsche
Bezeichnung für schnelle Autos, die mit Dieselmotoren getrieben werden. Zum Beispiel Golf GTD.

heraushängen
Wer sich sein Geld zu sehr »heraushängen« läßt, sammelt schnell Minuspunkte im gesellschaftlichen Ansehen.

herunternobeln
ist ein Begriff, der den Betroffenen ganz schön in das Abseits stellt. Wenn sich jemand »heruntergenobelt« hat, dann schied er – meist durch finanzielle Schwindsucht – aus dem Kreis der selbsternannten Nobelmenschen aus.

hirnrissig
Wer die Ansicht eines anderen völlig absurd findet, wird sie mit »hirnrissig« kommentieren.

hochziehen
kann sich der Mensch zum Beispiel an einem besonders verständigen Partner, an einem guten Geschäft, aber auch der Motivation des Chefs.

Hon
Die Lufthansa hat diesen Begriff für ihre VIPs ge-

prägt. Einige Zehntausend Mark Umsatz bei der Lufthansa lassen den Oftflieger zum Hon werden. Welch' Gefühl, zu einem zufällig auf dem Flugplatz getroffenen Bekannten sagen zu können: »Laß' uns doch schnell einen Drink in der Lounge nehmen. Ich lade mit meiner Hon-Karte ein.«

Hühnerhof
Glücklich, wer einen Hühnerhof besitzt. Gemeint ist das weibliche Reservoir für eine polygamistische Lebensweise

Hummeretage
Wer ihr angehört, der fühlt sich sicher als sozial gehoben. Allerdings kann damit auch ein Mandatsverlust verbunden sein. Einem Münchner Oberbürgermeister wurde im Wahlkampf vorgeworfen, in Restaurants zu verkehren, wo unter 100 Mark keine Rechnung für ein Menü ausgeschrieben wird.

hummern
Wir gehen »hummern« bedeutet nichts anderes, als ein Restaurant mit dem festen Vorsatz aufzusuchen, sich einen Hummer schmecken zu lassen.

Identitätskrise
Vor ein paar Jahren noch kannten diesen Ausdruck nur Pyschologen und Soziologen. Heute gehört er schon zum allgemeinen Wortschatz. Mit Identitätskrise läßt sich vieles umschreiben. Zum Beispiel auch der Seitensprung eines Mannes: Er macht eben

gerade seine Identitätskrise durch. Bei Frauen werden im allgemeinen strengere Maßstäbe angelegt.

Indianer
Genaugenommen muß es heißen: Indianer in der Dose. Die Rede ist von einem Bräunungsspray.

irre
ist alles, was aus dem Rahmen fällt.

Kaffeehaus-Society
Eine aussterbende Generation von Society, die das Wiener Kaffeehaus groß gemacht hat.

keilen
Gekeilt wird zur Zeit auf Teufel komm raus: Bräute, Liebhaber, Vertreter, aber auch Putzfrauen, denn die sind überall Mangelware. Keilen bedeutet, jemanden für sich zu gewinnen.

Kiste
»Die Kiste läuft bei mir nicht«, sagt ein weibliches Wesen zu einem männlichen, wenn es zwischenmenschliche Beziehungen nicht im Sinne der betroffenen Dame einleitet. Wenn »eine Kiste« nicht läuft, dann liegt der Fehler zum Beispiel in folgenden Einstiegen: »Ich zeige dir meine Wohnung. Du hast die schönsten Augen der Welt. Ich möchte nur mal sehen, ob ... etc.« Aber es läßt sich auch eine »andere Kiste aufmachen«: die Entscheidung für eine alternative Möglichkeit.

Klammeraffe
Es gibt sie immer wieder, die zwischenmenschlichen Beziehungen, die nicht durch einen Ehevertrag besiegelt sind, aber durch das sehr anhängliche Wesen eines Partners – eben des »Klammeraffen«. Wer sich einen »Klammeraffen« (er kann männlich oder weiblich sein) hält, den erfüllt das oft mit sehr viel Stolz, was er auch nach außen kundtut, oder er beklagt sich unter Freunden über seinen eingeschränkten Wirkungskreis.

Kleiderständer
Ein wandelnder »Kleiderständer« ist ein Modell, das Mode vorführt.

Knackarsch
soll als Kompliment für einen besonders gut geformten und strammen weiblichen Po gelten. Gelegentlich auch für einen männlichen – insbesondere in jenen Kreisen, in denen ein warmes Lüftchen weht.

Knackpunkt
Der »Knackpunkt« taucht immer dort auf, wo Schwierigkeiten überwunden werden müssen. Er gilt auch als Schlüssel, um bei Auseinandersetzungen einen Durchbruch und schließlich eine Einigung zu erreichen.

knispeln
Eine besonders charmante Umschreibung jenes Zeitvertreibs, der als Sex bekannt ist.

Knitternerz
Ein Regenmantel aus Nylon.

konkav
wird ein Mädchen genannt, das in Sachen Brust außer den Warzen keine herausragenden Zentimeter vorzuweisen hat.

korkeln
Zur Zeit ein Lieblingsbegriff der Yuppies. Am besten wird er in Restaurants in Anwesenheit von Freunden angewandt. Das geht dann so: Bestellt wird eine Flasche Wein. Der Korkel-Fan prüft kritisch den Wein im Glas, läßt den Ober kommen und sagt ganz vorwurfsvoll: »Herr Ober, der Wein korkelt« (er hat den Geschmack des Korkens angenommen). Meist nimmt dann der Ober die Flasche zurück, denn Streitgespräche würden die Atmosphäre des Restaurants stören. Mit dem »Korkeln« hat sich so der Korkel-Fan das Image des Weinkenners gegeben.

kosmisch
Ähnlich wie »galaktisch« bezeichnet »kosmisch« eine von der Realität etwas abgesetzte Betrachtungsweise.

krallen
»Festkrallen« an Mann oder Frau im Liebesverhältnis soll eine engere und anhaltendere Bindung erzwingen.

Kreativer

Nur gut, daß es diesen Typ gibt. Damit kann zum Beispiel manch betuchtes weibliches Geschöpf im Freundeskreis erklären, warum der von ihr ausgehaltene Liebhaber keiner geregelten Tätigkeit nachgeht. Er ist eben ein Kreativer und muß sich nicht den zeitlichen Zwängen von Werktätigen unterwerfen. Gescheiterte Existenzen lassen sich so durch die Klippen eines möglichen Image-Verlustes bringen.

Lächeln

Ein Lächeln wird in der Yuppie-Szene verschleudert, wenn es von niemandem wahrgenommen wird. So gibt der enttäuschte Liebhaber zu, daß »er bei ihr sein Lächeln verschleudert hat«.

Lakritzeneffekt

Der stellt sich dann ein, wenn die Zubereitung einer Speise zu längerem Kauen zwingt und das Engagement trotzdem mit Übelkeit endet.

Latifundien

Bezeichnung für größeren Grundbesitz. Wird oft auch ironisch für Wochenendbesitz verwendet: »Ich ziehe mich auf meine Latifundien zurück.«

Linksträger

Mit »der ist Linksträger« macht die Frau ihre Freundin auf einen Mann aufmerksam, der sehr enge Hosen trägt und deshalb den Hasenpfoteneffekt der Ballettänzer nicht vermeiden kann oder will. Eigenartigerweise gibt es kaum Rechtsträger. Die Beobachtung kann jeder selbst machen.

locker
soll alles gesehen werden. Der Rat in einer hitzigen Auseinandersetzung, die Sache »doch locker zu sehen«, verwirrt meist den so Bedachten, was nicht selten gewollt ist. Die Angelegenheit »locker auf sich zukommen zu lassen« spricht für einen »coolen Typ«.

Lockerungsübungen
sind für den »coolen Typ« Auseinandersetzungen, die andere an den Rand des Herzinfarkts treiben würden.

Lodenschickeria
Sie ist hauptsächlich in Bayern anzutreffen. Bevorzugte Kleidungsstücke: teure Mäntel, Anzüge und Kostüme aus Loden.

logo
hat in der Sprache der Yuppies längst das Wort »einverstanden« verdrängt.

löhnen
Für alles muß der Mensch heute »löhnen«, also bezahlen.

Look
Der »neue Look« steht für den neuen Modestil.

Aber auch für einen bestimmten: Loden-Look, Leder-Look, Biedermeier-Look etc.

Macher
Der »Macher« ist überall zu finden. Er verdient meist das große Geld und freut sich, daß andere ein bequemeres Leben führen wollen. Damit stehen sie dem »Macher« bei seinen Karriereplänen nicht im Wege. Nicht immer läßt sich allerdings der »Macher« mit einem Karrieretyp gleichsetzen. Dafür gibt es zu viele Filmemacher, Liedermacher, Büchermacher etc.

Mädel
»Unsere Mädels sollen das absprechen«, vereinbart der standesbewußte Yuppie mit seinem Freund. Gemeint sind die Ehefrauen oder Freundinnen, die die Terminierung eines Treffens vornehmen dürfen – ohne Rücksprache.

Message
»Ist eine Message für mich da?« fragt der Yuppie den Hotel-Portier und gibt sich damit ganz weltmännisch. Wissen möchte er, ob für ihn eine Nachricht (englisch: message) vorliegt.

Metallalter
Ab 50 aufwärts beginnt das Metallalter.

metern
Wo viel Geld reinkommt, da »metert es«.

Miete
In Zusammenhang mit dem Ausdruck »Das ist bereits die halbe Miete«. Wer kurz vor dem Abschluß eines Geschäfts steht, für den ist das bereits »die halbe Miete«.

Milchkuh
Die »Milchkuh« ist bereits in der Proletensprache der Yuppies angesiedelt. Der Begriff steht für eine besonders vollbusige Frau und wird meist von Konkurrentinnen auf dem Parkett der Eitelkeit angewendet, die von der Natur mit optisch kaum erkennbaren Oberweiten ausgestattet sind.

Milchzahn
Ein noch sehr junges Mädchen, was sich auf das Alter bezieht, nicht aber auf die Anatomie, das Auftreten und vor allem auf ihre Wirkung gegenüber Männern. Wer mit einem Milchzahn auf einer Party aufkreuzt, der wird von der Damenwelt meist angegiftet und verachtet, von der Männerwelt beneidet.

mimen
Wer eine Rolle im Leben spielt, die nicht so ganz zu ihm paßt, »mimt« sie. Zum Beispiel: »Der mimt ganz schön großkotzig« oder »Der mimt das große Geld.«

Mittelstandsmonster
Wenn Reichtum Neidgefühle aufkommen läßt, dann brechen gelegentlich wieder eigentlich längst

verschüttete soziale Strukturen auf. So entstand das Mittelstandsmonster. Typ Handwerker mit viel Geld, aber eben nicht Yuppie.

Moftie
Ein Zwitter zwischen Macho und Softie.

Mufti
Wer vor sich hinmuffelt, ist ein »Mufti« und in der Steigerung ein »Obermufti«.

naß
Wem es »naß reingeht«, der wird meist von Geldsorgen geplagt.

nerven
»Nerv' mich doch bitte nicht immer« will heißen: »Reg' mich nicht dauernd auf.«

Nightcup
Der letzte Drink vor dem Schlafengehen.

Nobody
Es ist schwer, als »Nobody« in Society-Kreisen mitzumischen. Gezielte Imagepflege, prestigeträchtige Hobbys und aufwendige Partys können vom Hautgoût des Nobody befreien.

Noshow
Vielflieger, die auf Warteliste stehen, warten auf Noshows, nämlich auf jene Passagiere, die ihren ge-

buchten Flug nicht wahrnehmen. Damit erhöht sich die Chance, über die Warteliste doch noch einen Platz im Flugzeug zugewiesen zu bekommen.

Oberkante-Unterlippe
Eine der neuerdings so beliebten Wortkombinationen. Wenn alles ausgereizt ist, wenn nichts mehr geht, dann ist das Oberkante-Unterlippe.

Ödis
haben den Nachteil, daß sie jedermann auf Partys anöden. Aber auch im Ehebett kann eine besondere Gattung von Ödi liegen, der im zwischenmenschlichen Bereich nichts vorantreibt.

Öko-Paxe
Bei diesem Ausdruck vermischt sich Fliegerdeutsch und die Szene-Sprache. Die Bezeichnung steht für Anhänger der Naturkost.

Outfit
Der äußerliche Auftritt – zum Beispiel mit der Kleidung.

overdressed
Ganz schön »overdressed« finden Frauen eine Genossin, wenn sie ihnen den Rang in Sachen Mode abzulaufen droht. Wer mit der Garderobe auf einer Party nicht mithalten kann, wird sich eine Leidgenossin suchen und abfällige Bemerkungen über den »overdressten Eye-catcher« machen.

Paxe
Ein aus dem Wortschatz der Stewardessen und Piloten eingeschleppter Begriff für Passagiere eines Flugzeugs.

peitschen
Geschäfte werden, wenn Eile geboten ist, schlicht »durchgepeitscht«.

pelzen
Ob Mann, ob Frau, wer einen Pelzmantel trägt, der pelzt eben.

pflegeleicht
kann eine Freundin oder ein Liebhaber sein. Voraussetzung ist eine gewisse Großzügigkeit im Liebesleben. Wer eifersüchtig auf die Ausschließlichkeitsklausel im Spiel der Liebeskräfte besteht, ist keinesfalls pflegeleicht.

Piste
Wer auf die »Piste« geht, macht Jagd auf Mädchen. Schürzenjäger könnten ohne die »Piste« ihren selbstgestellten Auftrag nicht ausführen. Die Piste bietet ihm Orientierungshilfe.

Plastikgeld-Society
Wer hauptsächlich mit Kreditkarten bezahlt, gehört ganz sicher zur »Plastik-Society«. In Europa sind die Plastikkarten noch Statussymbol, in Amerika ist dieser Status bereits abgebaut.

Po-Schleife
Jene Badebekleidung, die die Textilindustrie an den Rand des Ruins treibt. Ein winziges Dreieck vorne und ein Band durch die Po-Falte sind das letzte Zugeständnis an Sittengesetze.

portabler Leibeswind
Eine sehr gestelzte Ausdrucksweise für den altdeutschen Furz.

Portokasse
Wer anderen in finanziellen Angelegenheiten imponieren möchte, wird bei kleineren bis mittleren Beträgen mit der Behauptung kommen: »Das zahl' ich aus der Portokasse.«

powern
Zur Zeit wird unheimlich »gepowert«, also Action gemacht bzw. Dampf aufgedreht.

Proletenbagger
steht für Chartermaschine. Da Yuppies oft nicht über das gebündelte Bare für Flüge in den Urlaub mit Linienmaschinen verfügen, zwängen sie sich in den Proletenbagger, um Urlaubsziele zu erreichen. Wenn im Gespräch mit Freunden mit dem Urlaub geprahlt wird, stellt sich das dann so dar: »Die zwei Stunden im Proletenbagger lassen sich ja noch aushalten.« Oder: »Wir wollten eigentlich Linie fliegen. Aber statt zweimal umzusteigen, haben wir dann doch lieber den Proletenbagger genommen.«

pyjamieren
ist die feinere Ausdrucksweise für »Pyjama tragen«. Wer Sonntag morgens bei Freunden anruft, kann auf die Frage nach dem Wohlbefinden schon einmal die Antwort erhalten: »Wir pyjamieren noch.«

Quicky
Das »Quicky« kommt aus der New Yorker Geschäftswelt. Dort wird bekanntlich »hard selling« betrieben, was keinen so ausgeprägten Büroschlendrian wie in Europa zuläßt. Zum Sex außerhalb der Ehe bleibt wegen der langen Anfahrtswege zur Arbeit in den USA und speziell nach Manhattan meist nur die Mittagszeit. Und die ist sehr kurz bemessen. Also reicht die Zeit nur für ein »Quicky« mit der Freundin oder noch einfacher mit der Sekretärin.

rasiert
Rasierte Tennisbälle sind bereits in mehreren Spielen eingesetzt worden und werden deshalb von guten Spielern ausgesondert.

Reihe
Gedanken werden ebenso wie die Finanzen »in die Reihe gebracht«.

Reiterhosen
Diese »Kleidungsstücke« werden niemals im Parcour oder auf der Rennbahn gezeigt. ihr Laufsteg sind Schwimmbäder, Strände und Saunen. Dort zeigen Frauen notgedrungen ihre »Reiterhosen«, also

besonders dick und schwammig geratene Oberschenkel.

relaxed
»Relaxed« zu sein heißt, sich im Urlaub gut erholt zu haben. Aber auch: ganz ruhig an ein Problem heranzugehen.

Roger
bedeutet soviel wie »verstanden« oder »in Ordnung«. Der Begriff aus der Funker- und Pilotensprache soll dem Benutzer einen Hauch von Internationalität verleihen. Kleinbürgerliches ist nicht gefragt.

Rolle
Wer »von der Rolle ist«, der flippt zur Zeit gerade aus. Aber auch eine Ehe kann »völlig von der Rolle sein«, wenn sich die Partner auseinandergelebt haben.

Rolexier
Immer noch gelten Rolex-Uhren als Statussymbol. Wie der »Marketier« (der Marketingfachmann) und der Portier (der Fachmann an der Tür) wird neuerdings der Träger einer Rolex-Uhr mit dem »ier« belegt.

Rudelbumsen
Eine Anlehnung an die Jägersprache, um den Tatbestand des Gruppensex etwas charmanter auszudrükken.

ruhend
Fragt die Frau ihren Mann, aber meist ihren Liebhaber mit einem verführerischen Augenaufschlag und eindeutiger Blickrichtung in Richtung Körpermitte, wenn sie ein gewisses Verlangen spürt.

Sache
Was »Sache ist«, muß jeweils festgestellt werden. Aber schon der Hinweis darauf soll den dynamischen Typen unterstreichen.

Samstag (kleiner)
Der Mittwoch gilt insbesondere bei Zahnärzten, aber auch bei praktischen Ärzten als »kleiner Samstag«. Der Grund: Nachmittags bleibt die Praxis geschlossen. Sportlich ambitionierte Ärzte tummeln sich auf den Tennis- oder Golfplätzen.

Sau
Längst wird nicht mehr auf die Pauke gehauen, sondern »die Sau rausgelassen«.

Schampus
Gängige Bezeichnung für Champagner. Bei sozial weniger betuchten Yuppies auch für Sekt.

scharf
sind vor allem Mädchen, wenn sie optisch, aber auch im Umgang sexuell über dem Bundesdurchschnitt liegen. Der Deutsche bringt es im Liebesleben auf einen Durchschnitt von 2,6 mal pro Woche.

Schlaffi
Der »Schlaffi« gehört zur bevorzugten Zielgruppe jener pharmazeutischen Betriebe, die im Bereich der Aphrodisiaka tätig sind.

Schluckgäste
sind vielen Partygebern und Partygästen unangenehm, anderen jedoch hoch willkommen. Letzteren deshalb, weil sie gut für ein Alibi sind, wenn man selbst gerne zum Glas greift. Allerdings, Schluckgäste kommen den Gastgeber meist teuer und können zu vorgerückter Stunde unangenehm auffallen.

Schnitzelranch
Ein typisch deutsches Restaurant, das gerne mit »gut bürgerlicher Küche« beworben wird, dessen kulinarische Spitzenleistung sich aber im Schnitzel erschöpft. Vor allem im berüchtigten »Jägerschnitzel«.

Schnüffi
Jetzt werden die Schnüffis vorgestellt, sagt der Flugerfahrene zu seiner Begleitung, wenn die Demonstration der Sauerstoffmasken durch das Flugpersonal erfolgt.

Schrott
Was nichts taugt, ist »Schrott«. Das kann sich auch auf das gesprochene Wort beziehen. Politiker neigen sehr dazu, »Schrott zu produzieren«. Ebenso der Vorgesetzte bei Dienstanweisungen.

Schüttwein
Wird gerne der offene Wein genannt. Hier spielt eine – vielleicht nicht immer unbegründete – Skepsis die ausschlaggebende Rolle. Wer kann schon das Gegenteil der Annahme beweisen, man würde die Reste des Weines in einer Flasche oder Karaffe zusammenführen, um daraus »Schüttwein« zu gewinnen.

Seelenverkäufer
Uralt-Modell eines Charterflugzeugs

Seniorenballett
Gymnastik in der Volkshochschule oder im Turnverein, wobei das Alter der Teilnehmer über 60 Jahre liegt.

Sense
Wenn nichts weitergeht, wenn es keinen Kompromiß mehr gibt, dann »ist Sense«.

Sexualrentner
Einmal trifft es jeden Mann, gelegentlich muß er sich allerdings mangels Neigung und Aktivitäten auch nur so bezeichnen lassen – als Sexualrentner, also als impotent.

shaky
ist alles, was durcheinander gerät. Eine Party kann ganz schön »shaky« sein, wenn alles drunter und drüber geht und jede Ordnung fehlt. Wer einen Shaky-Tag gehabt hat, bei dem lief nichts nach Plan.

Auch ein Leben zu zweit kann »shaky« sein, wenn es sich nicht nach normalen Riten abspielt.

shocking
ist alles, was den Betrachter besonders erstaunt.

Show
Das früher bekannte Remmidemmi ist längst von der »Show« abgelöst worden.

Siliconianer
Das Silicon Valley, das berühmte Tal vor den Toren San Franciscos (genauer gesagt handelt es sich um eine Ebene), beherbergt viele bedeutende Elektronik- und Computerfirmen. Wer dort arbeitet, wird als »Siliconianer« bezeichnet.

Sinks
Abkürzung für »Single Income No Kids«.

slipless
Wer sich »slipless« am Strand bewegt, der zeigt alles, was er körperlich an Reizen oder Gehänge zu bieten hat. Slipless steht für »unten und oben ohne«.

Smarty
Der »Smarty« wird als unpolitisch, sanft und ewig lächelnd ausgewiesen.

Society-Spanner
sind Leute, die sich gerne im Dunstkreis von echter

Society aufhalten und sich gelegentlich auch in deren Zirkeln und Partys mogeln. Der Society-Spanner ist jedoch Welten davon entfernt, dazuzugehören. Auch sein Geld hilft ihm dabei nichts.

soften
Wenn ein Mann eine Frau »ansoftet«, dann benützt er die romantische Welle. Wer im Bett mit seinem Partner oder seiner Partnerin »softet«, der wird das Liebesspiel nicht zu Höchstleistungen nutzen.

Softie
ist ein weicher Typ von Mann und nur gelegentlich von Frau. Softies werden dann gerne gewählt, wenn ein Nachholbedarf an Streicheleinheiten besteht.

Sozialtouch
Wer den »Sozialtouch« hat, der macht sich in Diskussionen für die Gleichberechtigung am Arbeitsplatz, für Kündigungsschutz etc. stark.

Spaghetti-Rapido
»Fährst du mit dem Spaghetti-Rapido nach Italien?« kann die Frage lauten, wenn es darum geht, herauszufinden, ob jemand den Brenner-Expreß benutzt.

Spasti
Aus der Szene-Sprache abgeleiteter Begriff. Der »Spasti« wird auf irgendeinem Gebiet nicht für voll genommen. Deshalb: Gehirn-Spasti, Sex-Spasti, Gaumen-Spasti etc.

Sprungschanze
Sie wird in Verbindung mit »erotisch« gebraucht. Die erotische Sprungschanze findet sich nur bei Frauen und wird immer weniger verhüllt, was die Büstenhalterindustrie an den Rand der Existenz treibt.

Stablegung
»Wann war eure Stablegung?« lautet die Frage, wenn es darum geht, herauszufinden, wann ein Kind gezeugt wurde.

stark
Was über das Normale hinausgeht, wird als »stark« oder als »echt stark« bezeichnet. Die Musik ist »stark«, die neue Mode auch.

stehen
Der Mensch »steht« heute auf die verschiedensten Dingen: auf eine Musikgruppe, einen Sound, einen Frauen- oder Männer-Typ, eine Moderichtung etc.

Steppenwolf
Bezeichnung für Schürzenjäger

Streicheleinheiten
sind oft gefragt. Für die Geliebte ebenso wie für die Ehefrau. Auch die Sekretärin benötigt sie, allerdings unter Ausschluß der Kollegenschaft und ganz besonders des eigenen Ehemanns. Männer – so die Statistik – reklamieren seltener die Streicheleinheiten.

Stützlisex
nennen die Schweizer eine Peepshow. Das für uns ulkig klingende Wort hat auch im deutschen Sprachraum Freunde gefunden.

Styling
Heute zählt nicht mehr die äußere Form, sondern das »Styling«. Sogar die wohlproportionierte Figur eines weiblichen Wesens fällt unter das »Styling«.

Supermutter
Bezeichnung für ein besonders attraktives weibliches Wesen.

Suppenhuhn
ist ein Begriff, der einen geographischen Zusatz verlangt: bayerisches Suppenhuhn, kalabresisches Suppenhuhn etc. Damit läßt sich zum Beispiel der Unmut über eine unfreundliche oder zu langsame Bedienung – je nach dem augenblicklichen geographischen Standort – ausdrücken.

Teebeutel-Party
Eine Party, die als Aufguß einer bereits vorhergehenden angesehen wird: dieselben Gäste, ähnliche Gastronomie etc.

Tegernsee-Schickeria
Um kaum ein anderes Gewässer in Deutschland dürften so viele betuchte Menschen leben wie am oberbayerischen Tegernsee, rund 50 Kilometer vor

den Toren Münchens. Die Tegernseer mischen gerne in der Münchner Yuppie-Szene mit. Andererseits versuchen viele Münchner, sich am Tegernsee niederzulassen, und sei es nur mit einem Wochenenddomizil. Auch sie fallen dann unter die Tegernsee-Schickeria, die übrigens bei Waldfesten im Sommer und in einigen Stätten am See, wie dem Nobel-Gastronomie-Unternehmen Bachmair in Rottach-Egern (sehr gehoben, sehr fein) und im Bräustüberl vom Tegernsee (sehr urig und bodenständig) ihr eigenes Yuppie-Leben pflegt.

Terror
Wer »Terror« macht, der regt sich auf.

Ticket
Wer etwas auf sich hält, der spricht nicht von seinem Flugschein, sondern von seinem Ticket. Für die Fahrscheine der Bundesbahn wurde noch kein elitärer Begriff gefunden. Bis auf weiteres gilt hier immer noch die Fahrkarte

tierisch
Heute behauptet fast jeder in der freien Wirtschaft, er müsse »tierisch« arbeiten. »Tierisch« drückt aber auch eine Steigerung aus: tierisch ernstes Theaterstück, tierisch interessantes Gespräch, tierisch viel Geld.

total
als Mittel der Steigerung wird immer beliebter. Zum

Beispiel: total verrückt, total schöner Strand, total gute Musik.

Trouble
Wer »in Trouble« kommt, hat Schwierigkeiten.

Türkenkoffer
Ein Ausdruck, der auch in der deutschen Umgangssprache zu finden ist. Wer mit Plastiktüten zum Einkaufen geht oder vor allem in Urlaub fährt, der benutzt Türkenkoffer. Yuppies stehen mehr auf Taschen und Koffer von Yves Saint Laurent, MCM, Louis Vitton etc.

Turnschuhpeople
Gelegentlich wird daraus auch Turnshoepeople. Wie auch immer die deutsche und die englische Sprache zusammengestöpselt wird, Turnschuhpeople haben heute auf Partys ihren Stellenwert. Einmal wird damit Jugend dokumentiert, zum anderen Kreativität. Leute, die mit Turnschuhen aufkreuzen, verstehen sich als jugendlich (was gelegentlich auch zutrifft) und oft auch als besonders kreativ und dynamisch.

Twiggy-Typ
Das heute schon legendäre englische Topmodell mit der kantigen Figur geistert immer noch durch die Sprache. Viel Knochen, wenig Busen und Po zeichnen den Twiggy-Typ aus. Er scheint allerdings an Popularität zu verlieren.

Underdog
Früher waren es die Leibeigenen, die wenig Gebildeten, heute sind es Menschen, die sich – oft zu Unrecht – sagen lassen müssen, sie wären geistig und sozial eine Klasse niedriger einzustufen (was von der Anmaßung des Betrachters abhängt). Ein »Underdog« steht jedenfalls in der sozialen Hierarchie nicht sehr weit oben. Der Begriff wird auch gern als Schimpfwort eingesetzt.

Understatement
Leute mit Geld und Ansehen, die ausnahmsweise diese Attribute nicht nur zur Imagepflege benutzen, werden so charakterisiert: Die betreiben ganz schön Understatement.

Unterrockstürmer
Einer, der sich besonders stark dem weiblichen Geschlecht widmet und der vor allem schnell zur Sache kommt.

unverschämt
Was sehr gut ist, wird als »unverschämt gut« bezeichnet. Wer viel Glück hat, der kann sich über sein »unverschämtes Glück« freuen, und wen die Natur mit einem besonders ansprechenden Körper ausgestattet hat, der ist »unverschämt schön« oder durch die Sonne »unverschämt« braun.

updaten
bedeutet auf den neuesten Stand bringen.

upgraden
Ich wurde »upgegradet« bedeutet, ich bin im Flugzeug in die nächsthöhere Klasse gesetzt worden. Zum Beispiel von der Business in die erste Klasse.

User
Sie werden von Tag zu Tag mehr, die »User-Clubs«. Zum Beispiel in der Computerei. Es sind Clubs, in denen sich Anwender zusammenfinden.

vereinigte Hundehütten
ist ein verhältnismäßig neuer Begriff für Reihenhäuser. Einige Architekten meinen, Reihenhaus-Siedlungen mit Elementen ländlicher Holzhäuser aufwerten zu können. Doch damit haben sie wahrscheinlich den Begriff der Hundehütten entstehen lassen.

Vergnügen
In Zusammenhang mit »Wir sind hier nicht zum Vergnügen da«. Die Redensart läßt sich zum Beispiel bei Geschäftsreisen unter Kollegen verwenden.

Verhüterli
Das »Verhüterli« kommt aus dem Schwyzerdütsch und wird in der deutschen Sprache jeglichen romantischen Ambientes beraubt: Präservativ.

verklemmt
Wer »verklemmt« ist, hat besonders auf der sexuellen Spielwiese große Probleme.

Vibration
ruft zum Beispiel eine schlechte Nachricht hervor.

Visibility
Es ist nicht wegzuleugnen, daß zu den beliebtesten Statussymbolen der Yuppies heute der Pilotenschein gehört. So sind auch die häufigen Ausdrücke aus dem Flieger-Deutsch zu erklären. »Wir haben heute wenig Visibility« bedeutet, daß die Sicht schlecht ist. Das gilt auch für den Fall eines Ausflugs auf die Zugspitze und Nebel im Tal.

voll
fährt der Mensch auf Mitmenschen, Kunst, Kultur und auch Gegenstände ab, die ihn begeistern.

Vollpower
ist auf manchen Partys zu registrieren, auf denen »echt was los ist«.

Vorfreude
ist im Rahmen dieses Sprachführers nur dann interessant, wenn das sozial untere Level der Zielgruppe betrachtet wird. Da ist schon einmal von der Vorfreude die Rede, die »am Bein herunterläuft«.

VUP
Als VUP betitelt zu werden, kommt einem gesellschaftlichen Abstieg gleich: VUP = »very unimportant person«. Wie wohlklingender hört sich da VIP (very important person) an.

Wadenbeißer

Bezeichnung für einen besonders aggressiv auftretenden Rechtsanwalt. Der Abgeordnete der Grünen und frühere Bader-Meinhof-Anwalt Otto Schily könnte als »Wadenbeißer« bezeichnet werden.

Wahnsinn

Ein besonders schönes Geschenk, und schon ruft der Beschenkte aus: »Das ist ja Wahnsinn.« Die Steigerung bedarf des Wortes »echt«. »Echt wahnsinnig« kann auch der Sound einer Musikgruppe sein.

Wald

Wer nicht mehr weiter weiß, charakterisiert den Zustand mit »ich steh' im Wald«.

Wasserballett

Stewardessen sind gerngesehene Partygäste. Damit haben sie Gelegenheit, ihren Sprachschatz einfließen zu lassen. Das Wasserballett steht für die Demonstration des Gebrauchs von Schwimmwesten, der von der Internationalen Luftfahrtbehörde (IATA) vor dem Überfliegen größerer Wasserzonen vorgeschrieben ist.

wg.

Das Kürzel eines Buchhalters aus dem Hause Flick, das durch einen parlamentarischen Untersuchungsausschuß berühmt geworden ist, hat auch bei Yuppies Gefallen gefunden. Allerdings werden mit »wg.« nicht Empfänger von Spenden aktenkundig gemacht, sondern es steht für Affären. Beispiel: wg. Silvy. Gemeint ist, daß wegen Freundin Silvy wieder einmal der Ehesegen schief hängt.

Wochenende (kleines)
Das kleine Wochenende findet am Mittwoch statt. Wer es sich leisten kann, der reduziert an diesem Tag bereits seine Arbeitskraft. Betuchte Zahnärzte (Ausnahmen bilden meist nur solche, die sich mit Bauherrenmodellen verspekuliert haben), nehmen sich an diesem Tag den Nachmittag frei – zum Beispiel für ein Tennismatch oder ein Golfspiel. Sieh auch »kleiner Samstag«.

Wollmilchschwein
Das eierlegende Wollmilchschwein geistert durch den Sprachschatz von Diskutanten. Immer wenn die Diskussionsrunde auf nicht Machbares stößt, bemüht sie das eierlegende Wollmilchschwein. Gelegentlich auch die eierlegende Wollmilchsau.

Wonneproppen
Ein Mädchen, das körperlich gute Proportionen in doppelten Portionen bietet. Die Gefahr besteht nur, daß es sich in ein paar Jahren zum »Dampfnudeltyp« entwickelt.

Woodstock-Feeling
überkommt immer öfter die »Oldies« unter den Yuppies, wobei kaum jemand das »Feeling« persönlich erlebt hat.

Workaholic
Wer in seiner Arbeit aufgeht, der wird schnell zum »Workaholic«.

Wurf
Wer seinen Wurf zum sonntäglichen Treff bei Freunden mitbringt, kann oder möchte seine Kinder nicht zu Hause lassen.

X-Chromosomen-Träger
Lehnwort aus der Medizinersprache. Hinter X-Chromsomen-Träger verbirgt sich eine Frau, hinter Y-Chromosomen-Träger ein Mann.

Youngster
Der Jugendliche im Yuppie-Kreis.

Zampano
Der »große Zampano« ist es, der »herausgelassen« wird, wenn imponiert werden soll. Wer als Mann in der Ehe den »großen Zampano« spielt, fordert heute die Kampfmittel der Emanzen heraus.

Zoff
Wer »Zoff« hat, der muß sich mit Streit auseinandersetzen.

Zugehmann
Das Gegenteil des »Bratkartoffelverhältnisses«. Ein Zugehmann pflegt eine platonische Beziehung zu einer Frau, deren Aufmerksamkeit und Zuneigung er

zum Beispiel mit handwerklichen Arbeiten für sie erreichen möchte. Alleinstehende Frauen bedienen sich gerne der kostenlosen Hilfsdienste des Zugehmannes und brüsten sich damit im Freundeskreis.

zulabern
Mit einem nichtssagenden Redeschwall fällt jeder seinen Mitmenschen auf die Nerven. Der Fachausdruck für solches Verhalten: Er »labert seine Mitmenschen zu«.

Zürser
Wer sich als Zürser bezeichnet, der will sich damit selbst ein Qualitätsmerkmal in Sachen Winterurlaub und Sportlichkeit ausstellen. »Wir sind schon jahrelang Zürser« bedeutet: Wintersportort für Skiferien ist Zürs am Arlberg. Auf den Hängen dieses weltberühmten Skiortes wedeln nicht nur Größen des Showgeschäftes wie Roman Polanski, der Politik wie Gerhard Stoltenberg, des Hochadels wie die Prinzessin von Monaco, sondern auch viele Yuppies.

zu
Wer heute im Geschäftsleben etwas auf sich hält und Erfolg hat oder ihn nur den anderen vorgaukelt, der ist »zu« – mit Arbeit, Terminen etc.

TESTEN SIE IHREN YUPPIE-IQ

Ohne Intelligenz kein Yuppie-Leben

Liegen Sie schon voll im Trend der Yuppies? Können Sie sich schon als Insider, als Vollblut-Yuppie bezeichnen? Der Test gibt die Antwort.

Wer mehr als 22 Fragen richtig beantwortet, der kann sich als wirklicher Yuppie fühlen. Weniger als 22, aber wenigstens 15 richtige Antworten dokumentieren einen deutlichen Nachholbedarf an wichtigem Insider-Wissen. Die Lücken lassen sich bei einigermaßen gutem Willen schnell füllen. Der Aufstieg in den Kreis der Yuppies ist also möglich. Problematischer wird es schon bei weniger als 15, aber mindestens zehn richtigen Antworten. Da bedarf es guter Vorbilder und eines sehr starken Willens, um vielleicht doch noch im Kreise der »Ins« Aufnahme zu finden.

Fast hoffnungslos erscheint die Situation bei einem Testergebnis von weniger als zehn richtigen Antworten. Wer diesen IQ erzielt, der sollte sich mit der Erkenntnis trösten, daß es auch noch andere schöne Seiten des Lebens gibt, als in der Welt der Yuppies zu leben.

Die Auflösung des Tests finden Sie auf Seite 186.

Und hier die Fragen:

1. **Dünne grüne und rote Farbstreifen auf Damenhandtaschen können ein Hinweis auf folgende Marke sein:**
   A. Dior
   B. Gucci
2. **Welche Tageszeitung ist für ihr »Streiflicht« bekannt?**
   A. Die »Welt«
   B. Die »Süddeutsche Zeitung«
3. **Welche Küche wurde von welcher beeinflußt?**
   A. Die französische von der italienischen
   B. Die italienische von der französischen
4. **Beim Brainstorming sollen nicht**
   A. Zwischenfragen gestellt werden
   B. Ideen sofort diskutiert und gewertet werden
5. **In einem Daiquiri werden hauptsächlich**
   A. Kokosnußmilch und Gin,
   B. Zitronensaft und weißer Rum gemixt
6. **Eine Floppy ist ein**
   A. weibliches Wesen, das sich in einer Zweierbeziehung als ziemlich langweilig entpuppt
   B. ein Speichermedium für Computer
7. **Was bedeutet »upgraden«?**
   A. Eine besondere Zubereitung bei Fischgerichten
   B. Der Aufstieg von einer niedrigeren Klasse im Flugzeug in eine höhere

8. **Mexiko ist die Heimat des**
   A. Sangrita
   B. Sangria
9. **Louis-Vuitton-Taschen sind hauptsächlich hergestellt aus**
   A. reinem Leder
   B. einem synthetischen Material
10. **Beim Snowboard stehen die Füsse**
   A. nebeneinander
   B. hintereinander
11. **Was ist ein G. O.?**
   A. Ein amerikanischer Manager
   B. Ein Animateur
12. **Kontrollierte italienische Qualitätsweine sind folgendermaßen gekennzeichnet**
   A. Q. E. S.
   B. DOC
13. **Wodurch erhält die Haut der Peking-Ente ihr eigenartiges Aussehen und ihren besonderen Geschmack?**
   A. Durch Einreiben mit Sojaöl
   B. Durch Einreiben mit Honig
14. **In welchem Ferienclub werden die Sportaktivitäten kostenlos geboten?**
   A. Im Club Mediterranée
   B. Im Robinson-Club
15. **Was ist Tirami su?**
   A. Eine griechische Fischsuppe
   B. Eine italienische Nachspeise

16. **Zu welcher Wintersportregion gehört die Skiabfahrt Madloch?**
A. St. Moritz/Pontresina
B. Lech/Zürs

17. **Was bedeutet »Festplatte«?**
A. Ein Brunch zu festen Preisen
B. Ein Medium zum Abspeichern von Daten im Computer

18. **Rioja ist ein berühmtes Weinbaugebiet in**
A. Spanien
B. Portugal

19. **Französische Spitzenköche loben besonders die Hühner aus der**
A. Bresse
B. Normandie

20. **Sinker sind**
A. Gewichte zum Regulieren beim Tauchsport
B. Spezielle Windsurfing-Bretter

21. **Carpaccio ist**
A. hauchdünn geschnittenes Fleisch
B. ein kuchenähnliches italienisches Dessert

22. **Was ist ein »Loft«?**
A. Wohnraum, der ursprünglich aus einer Lager- oder Fabrikhalle entstanden ist
B. Ein dreistöckiges Appartement

23. **Belons-Austern kommen vorwiegend**
A. von einem schmalen Küstenstreifen in Neufundland
B. aus der Bretagne

24. **Ein Squashschläger unterscheidet sich von einem Tennisschläger durch**
A. einen dünneren Griff
B. einen stärkeren Griff

25. **Kugelschreiber der Marke »Cross« erkennt man an**
A. einen großen Schriftzug
B. an der Verzierung der Haltevorrichtung

26. **In einem »Bloody Mary« werden neben anderen Zutaten**
A. Wodka und Tomatensaft,
B. Whisky und Tomatensaft gemixt.

27. **Was ist ein Turbolader?**
A. Eine turbinengetriebene Motorjacht
B. Eine Funktionseinheit zur Aufladung von Verbrennungsmotoren

28. **Shushi ist ein**
A. japanisches Gericht
B. chinesisches Gericht

29. **Ein Quicki ist ein**
A. schneller Geschlechtsverkehr
B. ein vom Meisterkoch Paul Bocuse kreiertes schnelles Gericht, das einem Hamburger gleicht

30. **Ein echter Capuccino**
A. hat ein Häubchen aus geschlagener Sahne
B. wird mit hinzugeschütteter Milch oder Sahne serviert

Testen Sie Ihren Yuppie-IQ
(Auflösung)

Die richtigen Antworten lauten:

1 B	11 B	21 A
2 B	12 B	22 A
3 A	13 B	23 B
4 B	14 A	24 A
5 B	15 B	25 B
6 B	16 B	26 A
7 B	17 B	27 B
8 A	18 A	28 A
9 B	19 A	29 A
10 A	20 B	30 B